Mathilda F. Hohberger

WELTRHYTHMUS & KLANGZAUBER

Grooven & klatschen, trommeln & tanzen, singen & spielen mit Kindern

Illustrationen: Jule Ehlers-Juhle

Ökotopia Verlag, Münster

IMPRESSUM

Autorinnen   Mathilda F. Hohberger

Illustrationen   Jule Ehlers-Juhle

Satz   Hain-Team, Bad Zwischenahn

Notensatz   Ja.Ro-Music, Hünstetten

ISBN   978-3-86702-164-7

1. Auflage
© 2012, Ökotopia Verlag, Münster

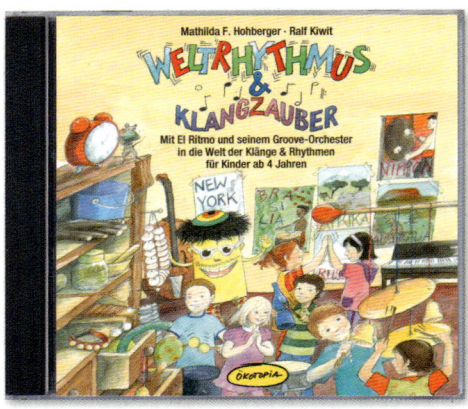

Alle Lieder dieses Buches gibt es auf der CD
von Mathilda F. Hohberger und Ralf Kiwit:

Weltrhythmus & Klangzauber
Mit El Ritmo und seinem Groove-Orchester
in die Welt der Klänge & Rhythmen
für Kinder ab 4 Jahren

ISBN 978-3-86702-165-4

Die Texte der Lieder aus diesem Buch sowie
alle Liedtexte sämtlicher Ökotopia-CDs stehen
in unserer Datenbank zum kostenlosen Download
bereit: **www.oekotopia-verlag.de/liedertexte**

INHALT

EINLEITUNG

Faszination Rhythmus & Klang

„Die Welt ist Klang."
Joachim Ernst Berendt

Und die Welt ist Rhythmus. Die Welt entdecken durch Rhythmus und Klang. Wie klingt die Welt um uns herum? Wie klinge ich? Wie klingst du? Welche Rhythmen umgeben uns?

Alles um uns herum klingt. Alles hat seinen Rhythmus. Rhythmus – die ordnende Kraft. Wir erkunden Klang und Rhythmus und lernen die Welt mit den Ohren zu sehen, durch das Fenster der Musik. Begleitet werden wir dabei von vier lustigen, lebendigen und kreativen Klanggestalten: von El Ritmo und seinem Groove-Orchester. Mit ihnen reisen wir in die Welt der Rhythmen und später zu den Rhythmen der Welt. Mit **kreativen Rhythmusspielen** und **sinnlichen Klangexperimenten,** mit **einfachen Grooves und Liedern** sammeln die Kinder in den **ersten beiden Kapiteln „Hören!"** und **„Erleben!"** erste rhythmische Erfahrungen. Sie lernen zu hören. Sich selbst und die anderen. Dies gilt für das Spiel mit Alltagsgegenständen und Körperperkussion genauso wie für ein bewusstes Hören auf Klänge und Rhythmen in Musik und Umwelt.

Dann reisen wir im **dritten Kapitel „Begegnen!"** mit El Ritmo und seiner Band zu den **Rhythmen der Welt** und besuchen alle fünf Erdteile. Von lebendigen Liedern und Rhythmen aus Westafrika und Brasilien über Hip-Hop in New York hin zu den Taiko-Trommeln Japans steht hier einiges auf dem Programm. Teils traditionelle, teils moderne Rhythmen und Lieder erzählen aus dem Leben der jeweiligen Kulturen und Religionen, von Ritualen und Festen sowie vom aktuellen Streetlife. Und zum Schluss feiern wir natürlich ein eigenes Fest der Klänge und Rhythmen!

Es wird **getrommelt, gesungen, gerappt, getanzt und gefeiert.** Sensibel, lebendig, kraftvoll und mit viel Freude am eigenen Sein. Wir entdecken die Ur-verbindung eines jeden Menschen mit dem Rhythmus bzw. dem schlagenden Puls in Mensch und Natur. Un-ser ganzes Leben unterliegt verschiedensten Rhyth-men: dem der Jahreszeiten, der Sonnenauf- und -un-tergänge, Ebbe und Flut, Freude und Leid, Leben und Tod, Klang und Stille. Gehen ist Rhythmus. Sprache ist Rhythmus.

Rhythmus und Klang als ästhetisches Erlebnis. Mit Klängen kann gestaltet werden. Klangbilder entste-hen wie sonst Bilder mit Farben und Formen auf Pa-pier. Anders herum gesehen haben Bilder Rhythmus. Gespielt wird mit **Rhythmusinstrumenten aller Art.** Selbst gebaut, aus der Orff-Kiste oder aus All-tags- und Naturmaterialien. Da gibt es ein Zeitungsor-chester und eine Rasselbande, wir lauschen den Klän-gen von Stöcken und Steinen und spielen auf Wasser-trommeln.

Musik ist Kommunikation und bedeutet, sich selbst und anderen zu begegnen. Das gemeinsame Spielen und Musizieren in einer Gruppe ermöglicht eine emo-tionale, körperliche und geistige Erfahrung von un-schätzbarem Wert. Kaum etwas ist verbindender als einen gemeinsamen Rhythmus zu spüren. Mit dem ei-genen Rhythmus ein Teil des Ganzen zu sein. Ich und die anderen. Innen und außen. Das **gemeinsame musikalische Erleben** ist der entscheidende Aspekt. Ein weiterer **Schwerpunkt** liegt im **Singen.** Trommel und Stimme sind seit Menschengedenken die urei-gensten Klangerzeuger. Sie sind immer da. Rhythmus kann auf allen möglichen Gegenständen erzeugt werden, Singen ist auch immer möglich. Noch heute bilden Trommeln und Gesang in vielen Kulturen die Musik der kulturellen und religiösen Verwurzelung und haben eine große Bedeutung. Sie knüpfen an die alte Tradition an, Singen, Klingen und Tanzen als ele-mentare Ausdrucksform zu erleben.

Dieses Buch bietet dafür **17 traditionelle und neue Lieder** sowie eine **Vielzahl von Rhythmusbeispie-len** an und möchte dazu beitragen, **im pädagogi-schen Alltag Räume für Rhythmus und Klang zu schaffen,** um so die in unserer modernen Gesell-schaft scheinbar oft verloren gegangene Fähigkeit wieder zu wecken und zu fördern und Rhythmus auf natürliche Weise zu erkennen und zu erleben. Alle Rhythmen sind übersichtlich notiert und ermöglichen ein leichtes Nachspielen.

Für ErzieherInnen, GrundschullehrerInnen, Mu-siklehrerInnen, Trommel-AGs, Musikalische Früh-erziehung oder das Klassenmusizieren. Für alle, die **Spaß an der Musik** haben – **Vorkenntnisse sind gut, aber nicht erforderlich.**

Ich wünsche viele lebendige Klang- und Rhythmus-stunden.

Get the Groove …

Praktisches & Einführendes

Altersgemischte Gruppen

Es empfiehlt sich, in altersgemischten Gruppen zu arbeiten und die Kinder ihren altersgemäßen Fähigkeiten entsprechend zu fördern. Haben Lieder zu viel Text für die Vierjährigen, können sie einzelne Passagen übernehmen und sind somit trotzdem Teil des Ganzen. Sie sind beteiligt und lernen durch das Hören mehr und mehr (➜ S. 9 „Fette Beats – ein Lied lernen"). Learning by Doing, dabei sein, hören, mitmachen. „Rhythmus im Blut haben" ist keine Frage der Gene, sondern eine Frage der Sozialisation.

Spiele und Musikstücke, in denen es erforderlich ist, ein **Metrum zu halten**, d. h. zuverlässig einen immer gleichbleibenden Rhythmus zu wiederholen, sind **für Kinder ab 6 Jahren** empfehlenswert. Bei der Altersangabe „ab 4 Jahren" wird von altersgemischten Gruppen ausgegangen, in denen ein größerer Teil der Kinder bereits einen Rhythmus halten kann und die Kleineren davon lernen. Lassen Sie Fehler zu, lassen Sie es „klappern". Musik mit Kindern muss nicht perfekt sein. Haben Sie Spaß und trauen Sie sich und den Kindern ruhig etwas zu!

Das alternative Rhythmus-Set

Das alternative Rhythmus-Set ist **ein Pool an Percussioninstrumenten aus bewährten Alltagsgegenständen.** Also das Set, das sich kostengünstig erwerben oder aus dem eigenen Haushalt zusammenstellen lässt. Letztendlich kann natürlich aus jedem Bleistift oder jedem Kochlöffel auf einen Joghurtbecher oder Plastikeimer geklopft eine Trommel entstehen, aber nicht alles klingt attraktiv und zu viele unterschiedliche Klänge werden im Musikstück unklar. Zum regelmäßigen Musikmachen empfiehlt es sich, ein Set zusammenzustellen, das aus bestimmten Instrumenten besteht, die nicht für jede Aktion neu zusammengesucht werden müssen. Dieses Set wird dann auch ausschließlich zum Musikmachen verwendet. Es ist ein Instrumenten-Set, das zu keinem anderen Zweck mehr verwendet werden sollte. Auf diese Weise werden die Alltagsgegenstände wirklich zu Instrumenten.

Zu viele verschiedene Klangerzeuger bringen ein unübersichtliches Klangbild und unklare Rhythmen hervor. Soll in einer Gruppe von 20 Kindern ein Rhythmus in drei Stimmen entstehen, ist es sinnvoll, drei Instrumentengruppen zu bilden, in denen jeweils alle Kinder das gleiche Instrument spielen.

Ein alternatives Rhythmus-Set sollte aus Klangerzeugern bestehen, die sich deutlich in hohen und tiefen Tönen unterscheiden, umso klarer wird das Klangbild im gemeinsamen Spiel.

Zum Beispiel:
Gruppe 1: Unterschiedliche **Eimer aus Plastik** (aus dem Baumarkt) oder **Hocker** (einer schwedischen Möbelkette) mit einem runden Mousepad auf einer runden Sitzfläche (bei der schwedischen Möbelkette gibt es das passend zusammen) ergeben eine wohlklingende Trommel mit verschiedenen Klangvarianten: Töne auf dem Fell (Pad) = dunkle Töne, Töne am Rand = helle Töne, Töne rechts und links an den Wänden des Klangkörpers = ein weiterer hoher, „knackiger" Klang.

Diese „Trommeln" werden stehend mit **Schlag-zeugsticks** gespielt.

In gut sortierten Percussionabteilungen von Musik-handlungen lassen sich Schlagzeugsticks für unter 2 € pro Paar erwerben. Die machen Kindern Freude, weil sie die Wertigkeit des Materials wahrnehmen und sich dadurch auch die Wertschätzung ihres eigenen Mu-sikmachens erhöht.

Hinweis: Nicht alle Eimer eignen sich zum Musizie-ren. Normale Haushaltseimer sind schnell durchge-schlagen. Schwarze „Mörteleimer" aus dem Bau-markt halten lange. Hier können auch die Henkel ent-fernt werden, dann zwei Löcher hineinbohren, ein Band durchziehen und die Trommel kann um die Hüfte gehängt werden.

Gruppe 2: Mit kleinen Glasflaschen (0,5 l oder kleiner), die unterschiedlich mit Wasser gefüllt wer-den, können gut Agogos (Glocken) imitiert werden. Zum Bespielen eignen sich **Bleistifte**.

Gruppe 3: Als drittes Element bieten sich **Rasseln** an, die das Set klanglich optimal ergänzen (➜ S. 44).

Vier Klanggestalten

Hallo! Ich bin **El Ritmo,** und ich möchte hier als Erstes mich und meine Freunde vorstellen: **Bella Boom, Sara Swing** und **Big Bäng.** Wir sind eine Bande und eine Band, ein Orchester, ein Team – und wir sind alle echte Rhythmusfans! Die meiste Zeit verbringen wir hier in unserer Rhythmus-Werkstatt mit eigenem Klanglabor – für uns der schönste Ort der Welt! Hier kracht's und zischt's, hier singt's und klingt's. Es gibt gesammelte Werke aus der ganzen Welt, die alle irgendeinen Klang von sich geben: vom alten Auspuff über afrikanische Wassertrommeln bis zur Wallnussschale – alles da! Das heißt also: Wir trommeln wie verrückt. Aber wir können auch alle möglichen anderen Instrumente spielen. **Bella Boom** liebt die tiefen Töne. Sie mag es dick und fett und satt. BOOM! Große, tiefe Trommeln spielt sie am liebsten, gerne aber auch den tiefen Kontrabass. **Sara Swing** bringt den Swing hinein. Mit höheren Klängen gerne auf Metall. Becken und Glocken aller Art gehören zu ihren Lieblingsinstrumenten. Und sie mag Blasinstrumente: Flöten, Saxofon und Klarinette. **Big Bäng** mag es gerne, wenn es knallt und kracht. Am liebsten ist er auf der Snaredrum zu Hause, spielt aber auch Gitarre und Klavier. Ja, und ich, **El Ritmo,** spiele alles, was gebraucht wird. Ich arrangiere und komponiere, probiere und studiere, irre und radiere, nehme auf und lösche, so lange, bis ein Song fertig ist und wir alle sagen: Ja – so soll es klingen!

Wir sind Rhythmus- und Klangjäger, Forscher und Sammler. Wir bewegen uns am Puls des Lebens und am Zahn der Zeit. Wir finden ständig neue Grooves und Klänge. Üblicherweise finden wir sie mit den Ohren. Manchmal spüren wir sie aber auch mit Händen und Füßen auf. Für manche sind wir weit gereist: Wir waren in Afrika, in Japan, Australien, Amerika – und andere Klänge gab es direkt vor der Haustür. Dabei haben wir entdeckt: Jeder Platz der Erde hat einen eigenen Klang, einen eigenen Rhythmus!

Unsere Fundstücke schleppen wir hier in unsere Rhythmuswerkstatt mit eigenem Labor. Hier werden all die musikalischen Schätze sortiert, archiviert und bei Bedarf neu zusammengestellt. Das heißt, wir vermischen unsere eigenen Ideen mit den musikalischen Fundschätzen und komponieren somit ganz neue Stücke. Das ist übrigens unsere Lieblingsarbeit. So entsteht Weltmusik.

Und was wir alle gleichermaßen lieben, ist das Singen! Wir singen eigentlich immer: alleine oder gemeinsam, auf dem Weg in die Werkstatt, unter der Dusche … nur beim Essen und beim Schlafen singen wir nicht.

Als Band spielen wir gemeinsam Konzerte und stehen zusammen auf der Bühne. Wir sind alle vier voll mit Tönen und Sounds, die wir bei unseren Konzerten dann nur so ausspucken. Hier kommt eine erste Kostprobe. Mit „Fetten Beats" stellen wir uns vor: El Ritmo und sein Groove-Orchester! Put your hands together – one, two, three, four …

Fette Beats

Text: M. F. Hohberger I **Musik:** M. F. Hohberger, R. Kiwit

Hey, hey – bei uns geht's ab im Rhyth-mus! Hey, hey – bei uns gibt's fet-te Beats! Hey,

hey – mit Klän-gen um den Glo-bus, und dann sin-gen wir auch ein Lied. Hey,

1. und dann sin - gen wir auch ein Lied.

1. Hi, ich bin der BIG BÄNG!
Ich mag den großen Knall.
Ein dicker, fetter Basston
schallt schon mal ins All.

Refrain: Hey, hey …

2. Ich bin Sara und mag Töne
auch leise, zart und klar,
hohe, tiefe, schrecklich schöne,
ach, es klingt so wunderbar.

Refrain: Hey, hey …

3. Bella Boom ist mein Name,
ich mag, wenn es grooved.
Ich bin Feuer und auch Flamme,
wenn die Trommel ruft!

Refrain: Hey, hey …

4. Hallo, ich bin El Ritmo,
der Chef der ganzen Band.
Ich komponiere, dirigiere,
passe auf, dass keiner pennt.

5. Trommeln, Rasseln, Saxofon,
schriller Sound auch manchmal schief.
Ach, ich liebe jeden Ton –
Hauptsache Musik!

Hinweis: Die Strophen werden als Sprechgesang
improvisiert und können mit denselben Akkorden
begleitet werden wie der Refrain.

Ein Lied lernen: Fette Beats

Ein Beispiel für die „Vorsänger-/Chor-Methode", die sich gut in altersgemischten Gruppen anwenden lässt und auf viele weitere Lieder übertragbar ist.

Alter: ab 4 Jahren

Die Kinder sitzen im Kreis und lernen unter Anleitung der Spielleitung das Lied „Fette Beats" (➜ S. 9) zu singen. Um gleich mit der ganzen Gruppe ins Singen zu kommen, wird als Erstes gemeinsam der Refrain geübt. Hier werden die Kinder in zwei Gruppen aufgeteilt: Die Vorsänger, die ein lebendiges „Hey, hey!" vorsingen, und der Chor, der mit dem jeweils folgenden Satz antwortet: *„bei uns geht's ab im Rhythmus!"*

So entsteht ein lebendiges Frage-Antwortspiel und alle Kinder können ihren sprachlichen Fähigkeiten entsprechend mitsingen.

Wenn die Gruppe den Refrain singen kann, werden SängerInnen von den größeren Kindern ab 6 Jahren für die Strophen festgelegt. Wer möchte in die Rollen von Sara Swing, El Ritmo, Big Bäng und Bella Boom schlüpfen?

Die Kinder lernen den Text in der Einrichtung oder auch zu Hause, indem sie ihn immer wieder singen. Die meisten Kinder im Grundschulalter lernen gerne Texte auswendig und sind sehr stolz, wenn sie es können. Die Spielleitung unterstützt die Kinder dabei, ihren Text aus der Rolle heraus zu singen. Lebendigkeit steht hier im Vordergrund. Die Kinder können den Text auch frei und auf ihre Weise interpretieren.

Sind die StrophensängerInnen bereit, wird das Lied in allen Strophen und mit Refrain zusammengefügt.

Rhythmus-Begleitung

Alter: ab 6 Jahren
Material: Rhythmusinstrumente wie Rasseln, Pauken, Bongos, Claves, Tamburine oder alternatives Rhythmus-Set (➜ S. 6)

Zur rhythmischen Begleitung eignen sich gut die in unterschiedlichen Schwierigkeitsgraden notierten „Funky Grooves" (➜ S. 89). Der **Funky Groove** wird immer in den **Strophen** gespielt.

Im **Refrain** spielen alle Instrumente das *„Hey, hey!"*, d. h. sie rufen die Silben und verstärken jede Silbe mit einem Trommelschlag etc. In den Pausen dazwischen schlagen alle Kinder die Sticks gegeneinander, gern auch mit „Pose", d. h. die Arme werden hoch in die Luft genommen und die Sticks über dem Kopf gespielt. Kinder mögen das und es fördert die Lebendigkeit. Bei Aufführungen animiert das Klatschen das Publikum zum Mitmachen.

Der vierte Satz des Refrains *„dann singen wir gerne auch ein Lied"* endet mit einem kräftigen gerufenen *„hey"* mit über dem Kopf aneinander geschlagenen Sticks!

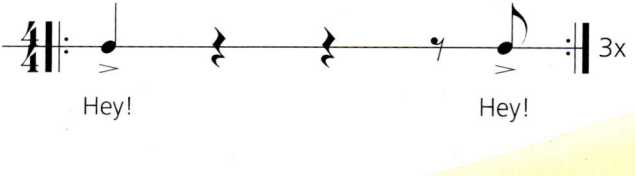

Hey!   Hey!   3x

Und dann sin-gen wir auch ein Lied – hey!

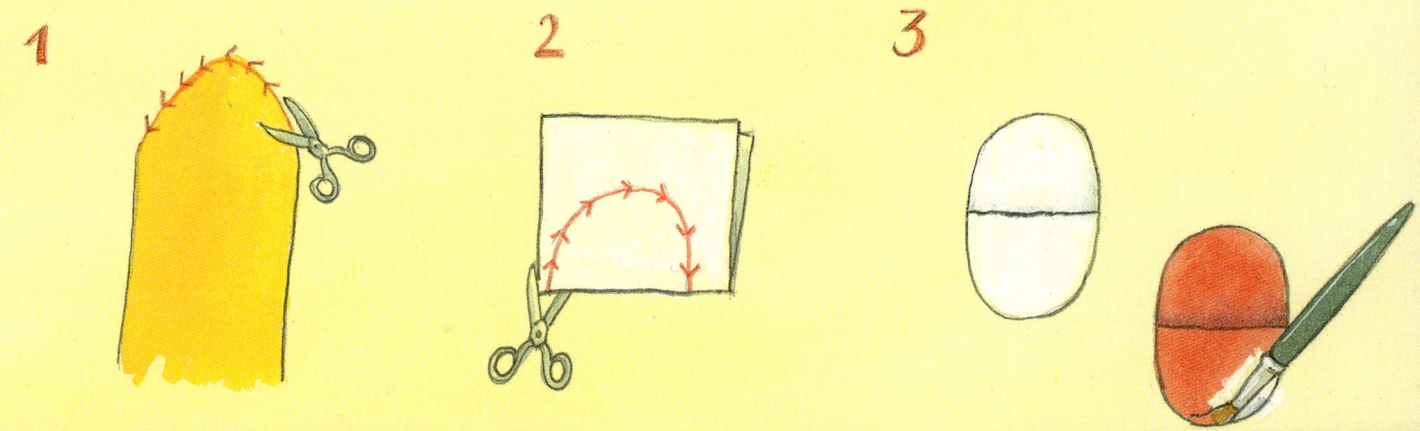

Vier Klanggestalten entstehen

Die Klanggestalten als Animationsfiguren helfen dabei, alle Themen lebendig und spielerisch zu vermitteln. Mit ihnen können kindgerechte Rollenspiele entstehen und die Dialoge dieses Buches gesprochen werden. Als Sympathieträger begleiten sie die musikalischen Einheiten oder Projekte.

Material: 4 Socken in Gelb, Grün, Lila und Braun, Scheren, Pappe, Bleistift, roter Filzstift, Klebstoff, Kosmetik- oder Puppenwatte, farbiger Karton, doppelseitiges Klebeband, Wolle in Grün, Gelb, Rot und Schwarz, Häkelnadel, Socke, Filzstifte, 6 kleine weiße Filzkugeln, rosafarbene Knetmasse, schwarzer Sternchenzwirn, orangefarbener Bast oder Wolle, Feder o. Ä., rote Knetmasse, schwarze Rippel- oder Boucléwolle, rotes Krepppapier, Nadel

Als Animationsfiguren nehmen wir die guten, alten Sockenhandpuppen. Vier verschiedene Socken werden einer Figur zugeordnet: Für **El Ritmo** eine gelbe (gemusterte), für **Big Bäng** eine grüne (gemusterte), für **Sara Swing** eine lilafarbene (gemusterte) und für **Bella Boom** eine braune Socke.
Jede Socke wird an der Spitze aufgeschnitten, genau an der Naht der Spitze, etwas schmaler als die Breite der Socke (➜ Abb. 1).
Aus festem Karton oder Pappe wird ein Oval ausgeschnitten, so breit wie der Schnitt in der Socke (➜ Abb. 2).

Dazu wird eine Hälfte des Ovals auf die Pappe gezeichnet, die Pappe am geraden unteren Ende geknickt und die nun doppelte Pappe ausgeschnitten (➜ Abb. 3).
Dieses Oval ist der Mund. Es wird rot oder rosa bemalt und in den „Sockenschnitt" geschoben (➜ Abb. 4).
Der Schnittrand der Socke wird über den Rand der Pappe geklebt (➜ Abb. 5).
Der Daumen bewegt den Unterkiefer der Puppe und alle anderen Finger den Oberkiefer.
Circa 6–7 cm unterhalb der Mundwinkel wird rechts und links jeweils ein kleines Loch geschnitten. Durch diese Löcher können beim Spiel zwei Finger gesteckt werden, so kann die Figur auch gestikulieren oder ein Instrument halten.
Um der Figur mehr Volumen zu geben, wird sie mit etwas Watte ausgestopft – je nach Figur unterschiedlich viel.
Nun werden die einzelnen Charaktere ausgestaltet. Da sind der Fantasie keine Grenzen gesetzt.

4

5

El Ritmo

El Ritmo ist schlank und wird daher nur mit wenig Watte ausgestopft. Um aber seine eckige Statur zu unterstreichen, wird ein kleines rechteckiges Stück Pappe, etwas breiter als die Socke, in den „Socken-körper" hineingeschoben.

Zusätzlich hat er eine **Sonnenbrille**. Diese wird aus farbigem Karton ausgeschnitten: Den Karton in der Mitte falten und eine halbe Brille darauf zeichnen, ausschneiden, die Brillengläser schwarz anmalen und die Bügel umknicken. Mit doppelseitigem Klebeband am Kopf fixieren (➔ Abb. 6).

Zusätzlich wird als Mütze eine kleine **Rastakappe** in Grün, Gelb, Rot und Schwarz gehäkelt. An den Figurenkopf werden wuschelige schwarze **Wollhaare** als ganzes Büschel auf den Kopf geklebt. Als **Bart** werden einzelne Fadenstücke auf die Oberlippe geklebt.

Big Bäng

Big Bäng ist etwas rundlich und wird daher mit etwas mehr Watte ausgestopft.

Für **die Mütze** wird die Spitze einer weiteren Socke abgeschnitten. Aus Karton wird ein kleiner Schirm geschnitten, der Rand umgeknickt (➔ Abb. 7) und von innen gegen die Socken-Mütze geklebt. Die Mütze wird am Kopf festgeklebt.

Für die **Augen** werden auf zwei kleine Filzkugeln mit Filzstiften Iris und Pupille gemalt. Die Filzkugeln werden auf das Gesicht geklebt (➔ Abb. 8). Für die Augenbrauen werden Wollfäden in ca. 1 cm Länge geschnitten und viele davon aufgeklebt.

Sara Swing

Sara Swing ist dünn und braucht nur sehr wenig Watte.

Sie hat **Lippen,** die aus rosafarbener Knetmasse geformt und auf den Mundrand geklebt werden (➔ Abb. 9).

Für die **Augen** werden wieder zwei kleine Filzkugeln mit hellblauer Iris bemalt.

Aus schwarzem Sternchenzwirn werden **Wimpern** geschnitten, auf die Kugeln geklebt und die Kugeln auf das Gesicht geklebt.

Als **Augenbrauen** werden zwei schwarze Wollfäden quer über die Augen geklebt.

Für die Haare wird orangefarbener Bast oder Wolle in unterschiedlich lange Stücke geschnitten, auf den Kopf geklebt und evtl. mit einer Feder o. Ä. geschmückt.

Bella Boom

Bella Boom ist sehr rundlich und wird mit viel Watte geformt.

Sie hat rote, volle **Lippen,** die aus roter Knetmasse geformt werden (➔ Abb. 10).

Ihre schwarzen, krausen **Haare** mit Pferdeschwanz entstehen aus schwarzer Rippelwolle oder Bouclé-wolle, die entsprechend frisiert auf den Kopf geklebt werden.

Die **Augen** entstehen wie bei Sara Swing, diesmal mit brauner Iris und ebenfalls langen Wimpern, dazu dünne schwarze Augenbrauen.

El Ritmo: So, liebe Freunde, da sind wir. Herzlich willkommen in unserem Klanglabor. Wir hoffen, ihr habt viel Lust und Neugier mitgebracht und laden euch jetzt alle herzlich ein mit uns zu forschen, zu experimentieren und natürlich zu musizieren.

Sara Swing: Und dabei ist es erstmal völlig egal, ob ihr schon einmal Musik gemacht habt oder ob ihr ein Instrument spielt oder nicht.

Bella Boom: Wer sprechen kann, kann auch singen, sagen die Indianer.

Big Bäng: Und einen Rhythmus könnt ihr mit fast jedem Gegenstand machen oder mit dem Körper oder mit der Stimme.

El Ritmo: Von daher haben wir schon jetzt alles was wir brauchen. Kommt mit, wir machen was draus.

Bella Boom: Und hier lernt ihr schon mal gleich ein englisches Wort: *Groove* (engl. = Schablone, Gewohnheit). Groove ist, wenn mehrere Rhythmen gleichzeitig gespielt werden. „Es grooved" sagen wir, wenn alle Rhythmen eines Musikstücks optimal aufeinander abgestimmt sind, dann fühlt ihr, wie euch das Stück bewegt, wie es Freude macht, und manchmal bekommen wir eine Gänsehaut. Der Groove ist sehr wichtig und wird uns noch häufig begegnen.

HÖREN!

DEN HÖRSINN SPIELERISCH FÜR KLÄNGE SENSIBILISIEREN

Als Erstes müssen wir uns mit dem Hören beschäftigen, denn das Hören kommt vor dem Musizieren. Unsere Sinne sind dabei die Tore zur Welt. Das „Tor der Seele" wird das Ohr manchmal genannt, denn dem Sinnesorgan Ohr werden weit differenziertere Fähigkeiten zugesprochen als dem Auge. Wenn wir drei verschiedene Farben mischen, sehen wir am Ende **eine** Farbe. Wenn drei Instrumente spielen, hören wir **drei** Instrumente!

Was über die Ohren zu uns dringt, ist direkter als Bilder, die wir uns über die Augen machen. Hörend dringen wir hinter die Oberfläche der sichtbaren Welt. Im Gegenteil zu unseren Augen können wir unsere Ohren auch nicht einfach verschließen. Wenn wir die Augen schließen, sehen wir nichts. Selbst wenn wir uns die Ohren zuhalten oder die besten Ohrstöpsel der Welt hineinstecken – wir hören weiterhin etwas.

In diesem Kapitel machen wir verschiedene Spiele und Übungen, mit denen wir uns des Hörens bewusst werden. Unser Sinnesorgan Ohr steht im Mittelpunkt und wird bewusst wahrgenommen und gefördert. Denn je besser wir hören, desto intensiver können wir Klänge und Rhythmen erleben, selbst spielen, verändern, neu erfinden.

Hören bedeutet auch bei sich zu sein, im Hier und Jetzt. Das Auge richtet uns durch das Sehen nach außen aus, das Ohr führt uns nach innen. Manchmal musizieren Gruppen miteinander und hören nicht bewusst hin. Die SpielerInnen verlieren die Konzentration, schweifen mit den Gedanken ab und der Rhythmus entgleitet. Beim gemeinsamen Musizieren müssen wir genau hinhören. Es reicht nicht aus, sich ein vages Bild der Musik zu machen. Jeder Spieler muss wissen, was er tut, und auch, was seine MitspielerInnen tun.

Kein Klang ohne Stille
El Ritmo: Wenn es ganz leise ist, also so richtig leise, sodass wir nichts mehr hören, dann bekomme ich eine Gänsehaut.

Sara Swing: Ich auch. Ich finde es spannend und geheimnisvoll.

Bella Boom: Ich hab manchmal fast ein bisschen Angst, wenn es so leise ist.

Sara Swing: Ich manchmal auch, aber nur, wenn es auch noch dunkel ist. Wenn es hell ist und leise, ist es anders.

El Ritmo: Kennt ihr den Moment, wenn Schnee fällt? Das ist Stille. Bewegung ohne Geräusch. Oder wenn die Wolken am Himmel ziehen. Wir sehen sie, aber hören nichts von ihnen.

Big Bäng: Und es braucht die Stille, um einen Klang zu erzeugen. Jeder Klang, auch der lauteste, kommt aus dem Nichts.

El Ritmo: Und bringt uns dort auch wieder hin.

Zum bewussten Hören gehört zunächst, das Geheimnis der Stille wahrzunehmen und zu erleben, und es empfiehlt sich beim Musikmachen immer wieder, Stille zu erzeugen und aus der Stille heraus zu beginnen.

Eine Reise in die Stille

Alter: ab 5 Jahren
Material: Matten oder Decken, Entspannungsmusik, Klang-Instrumente wie Gong, Klangschale, Triangel, Flöte usw.

Alle Kinder nehmen sich eine Unterlage, suchen sich verteilt im Raum einen Platz und legen sich gemütlich hin. Wer möchte, deckt sich mit einer Decke zu.
Die Spielleitung legt alle Instrumente neben sich bereit und startet eine leise Entspannungsmusik, die das zur Ruhe Kommen der Kinder unterstützt.
Wenn es leise ist im Raum und jedes Kind seinen Platz gefunden hat, führt sie mit der Musik im Hintergrund und mit sanfter Stimme in das Spiel ein:

„Wir machen jetzt eine Reise in die Stille. Dafür bekommen wir Besuch von verschiedenen Instrumenten. Von einer Triangel, einer Flöte, einem Gong und einer Klangschale. Wenn sie erklingen, hören wir genau auf ihren Klang. Wir halten uns mit unseren Ohren am Klang fest, bis er nicht mehr zu hören ist. Wie ein Surfer, der auf einer Welle reitet und dann im großen Meer landet. Der Ton ist die Welle, wir surfen mit unserem Ohr mit bis zum Ende der Welle, bis er ausgeklungen ist. Dann sind wir in der Stille angekommen. Keine Schwingung mehr, die uns davonträgt. Es ist ganz leise. Bis der nächste Ton erklingt und seine Schwingung uns wieder mitnimmt, wie eine Welle, die uns trägt.
(Musik ausblenden … STILLE)
Jetzt geht es los: Hier ist unser erstes Instrument. Wenn du den Ton hörst, verfolge ihn mit deinen Ohren, bis du ihn nicht mehr hörst.
(Klangschale ertönt … STILLE)
Achtung, ein neuer Ton kommt und holt uns ab.
(neuer Klangschalenton … STILLE)

Hier kommt ein anderer Ton.
(Flöte ertönt … STILLE)
…
Jetzt kommt der letzte Klang, der euch mitnimmt. Hört noch einmal genau hin.
(Triangel erklingt … STILLE)
Der nächste Ton bringt euch zurück in diesen Raum. Wir rekeln und strecken uns … und öffnen die Augen."
(Gong erklingt)

In einem Gespräch erzählen die Kinder ihre Erlebnisse aus der Stille. War es hell oder dunkel? Wie sind sie dort hingekommen? Jeweils gesurft oder geflogen oder geschwebt? Wo war es am schönsten? War es warm oder kalt?

Hinweise:
- Manche Klänge schwingen länger, andere schwingen kürzer. Die Spielleitung lässt nach jedem Klang ca. ½ Min. Zeit zum inneren Nachschwingen und Loslassen des Klanges. Dann erklingt der nächste Ton.
- Die einzelnen Instrumente werden wiederholt angeschlagen, sodass der Klang vertraut wird und sich die Kinder entspannter auf die Übung einlassen können. Nach ca. drei Wiederholungen wird das Instrument gewechselt, damit es Überraschungen in der Übung gibt und die Kinder mit der inneren Aufmerksamkeit dabei bleiben.
- Die Länge der Übung legt die Spielleitung intuitiv fest. Die Konzentrationsfähigkeiten sind von Gruppe zu Gruppe unterschiedlich.

Stille – wie ein weißes Blatt Papier

Alter: ab 4 Jahren
Material: alle vorhandenen Instrumente, mind. DIN-A3-Malpapier, Malstifte, Wasserfarben, verschieden große Pinsel

Einige Kinder sitzen mit einem weißen Blatt Papier, verschiedenen Stiften, Wasserfarben und Pinseln an Tischen. Andere sitzen mit Instrumenten verteilt im Raum.

Es ist ganz leise. Die Stille ist wie ein weißes Papier. Der Raum ist geräusch- und klangfrei. Auch wenn Geräusche von außerhalb wie Straßenlärm oder Kinderstimmen aus dem Nachbarraum zu hören sind – sie sind außerhalb. Dieser Raum ist still.

Die Instrumenten-Kinder spielen in größeren Abständen immer mal wieder einen Ton. Die Töne kommen einzeln und aus verschiedenen Richtungen in den Raum. Die Spielleitung kann hier dirigierend unterstützen, indem sie durch Zeigen ein Kind bestimmt, das den nächsten Klang sendet.

Die Mal-Kinder suchen sich intuitiv eine Farbe zu dem gehörten Ton und malen ihn auf ihr Blatt. Welche Form hat der Klangschalenton für die verschiedenen Kinder in diesem Moment, welche Farbe der Klang einer Rassel?

Die Klänge können zwei bis drei Mal wiederholt werden und mehrere gemalte Klänge haben auf einem Blatt Platz.

Nach einer Weile gibt es eine kurze Pause und die Kinder tauschen ihre Rollen.

Hör mal, wie leise es ist

Alter: ab 4 Jahren
Material: Federn, Seidentücher, Luftballons, Luftschlangen, Blatt Papier, Blatt von einem Baum, Wollfaden, die berühmte Stecknadel u. a. leichte Materialien, Kiste, großes Tuch

Alle Kinder sitzen in einem Kreis auf dem Boden (ohne Teppich) mit dem Gesicht nach außen. In der Mitte des Kreises steht eine abgedeckte Kiste mit den Materialien bereit.

Auf ein Zeichen der Spielleitung kommt ein Kind in die Mitte und nimmt eins der Materialien aus der Kiste. Es ist ganz still im Raum. Das Kind wirft den gewählten Gegenstand in die Luft und lässt ihn zu Boden fallen. Gab es ein Geräusch? Um welches Material handelt es sich? Die Kinder im Kreis lauschen erst und geben dann Tipps ab – immer noch mit dem Gesicht nach außen. Erkennt eins von ihnen das Material, drehen sich alle kurz zur Mitte und das Geräusch wird wiederholt.

Wer richtig geraten hat, sucht den nächsten Gegenstand aus und erzeugt ein neues Geräusch – ob es hörbar ist? Die Kinder finden heraus, welche Gegenstände wirklich geräuschlos sind. Und wie ist es, wenn **viele** Wollfäden, Luftballons, Stecknadeln oder Federn zu Boden fallen? Gibt es immer noch geräuschloses Material?

John Cage: Alles ist Musik

El Ritmo: Von 1912–1992 lebte ein amerikanischer Musiker und Komponist, der hieß John Cage. Der hat gesagt: Alles, was wir tun, ist Musik. Also nicht nur, wenn ein Orchester spielt oder eine Band oder du auf der Flöte spielst oder mit dem Bleistift einen Rhythmus auf den Tisch klopfst, sondern wirklich alles: Hände waschen, Zähne putzen, Kartoffelchips essen, schlafen …

Big Bäng: Ha, ha – schlafen??!! Jetzt übertreibst du aber. Wenn ich schlafe, mache ich gar nichts. Da liege ich in meinem Bett und bin mucksmäuschenstill. Kein Pieps kommt aus mir raus.

El Ritmo: Doch, klar. Du atmest. Und dein Herz schlägt.

Sara Swing: Und vielleicht schnarchst du ja auch?

El Ritmo: Vor ungefähr 60 Jahren komponierte John Cage ein Stück mit dem Titel: „4:33". Es ist für Klavier entstanden, kann aber auch auf jedem Instrument oder ganzen Orchestern gespielt werden, denn es besteht aus 4 Minuten und 33 Sekunden Stille. Nur das leise Umblättern der Seiten ist zu hören, das ist alles.

Big Bäng: Und wozu soll das gut sein?

El Ritmo: John Cage wollte mit dem Stück auf die Stille aufmerksam machen.

Bella Boom: Und auf all die unbeabsichtigten Klänge und Geräusche, die neben der eigentlichen Musik auch alle da sind und die wir oft nicht wahrnehmen.

Ganz Ohr

Text: M. F. Hohberger | **Musik:** M. F. Hohberger, R. Kiwit

Nr. 6

Refrain

G | C | G | D | C | G | C | G

Ich bin ganz Ohr bei Klän-gen laut und lei-se. Ich bin ganz Ohr auf

D | G | C | G | D

mei-ner Mu-sik-rei-se. Ich bin ganz Ohr, wenn du mit mir sprichst. Manch-

G | Hm | Am | D7

mal hör ich die Nach-ti-gall, doch seh'n kann ich sie nicht.

Strophe

Hm | Em | D

1. Al-les ist Ge-räusch und Klang, das fängt schon gleich am Mor-gen an: Der We-cker holt mich

Em | Hm

aus dem tie-fen Schlaf. 2. Das gan-ze Le-ben ist Mu-sik: Das

Em | D | A7 | D

Was-ser tropft, ein Meer-schwein quiekt, die Kat-ze kommt auf lei-sen Pfo-ten an.

Refrain: Ich bin ganz Ohr …

3. Mit off'nen Ohren durch den Wald,
es raschelt, rauscht, es knistert, knallt.
Manchmal sitz' ich ganz still im Gebüsch.

4. Ein Vogel piept, 'ne Mücke summt,
ein Ast fällt ab, ein Käfer brummt.
Ein Maulwurf ruft vergnügt nach seiner Frau.

Refrain: Ich bin ganz Ohr …

5. Am Himmel ist ein kleiner Punkt:
Hier unten hör ich, wie er brummt,
ein Zug rauscht in der Ferne übers Gleis.

6. Ein Auto hupt, ein Hahn, der kräht,
der Nachbar, der den Rasen mäht,
die Blumen sagen leise: Guten Tag!

Refrain: Ich bin ganz Ohr …

Liedtexteinführung

Alter: ab 4 Jahren

Alle Kinder sitzen verteilt im Raum bequem auf dem Boden. Sie schließen die Augen und es wird ganz still. Die Spielleitung schleicht kreuz und quer langsam zwischen den Kindern her und flüstert dabei ebenso langsam den Liedtext.

Nach der ersten Strophe wird gestoppt. Die Kinder öffnen die Augen und sagen, was sie verstanden haben. Die einzelnen Worte werden mithilfe der Spielleitung zum Liedtext zusammengepuzzelt. So bekommen die Kinder durch aufmerksames Hören und den Spaß am Ratespiel direkten Zugang zum Liedtext.

In einem zweiten Schritt lernen sie das Lied zu singen. Die jüngeren Kinder singen als VorsängerInnen *„Ich bin ganz Ohr"* und bekommen von den älteren Kindern zur Antwort: *„Bei Klängen laut und leise …"* So entstehen automatisch Dynamik und Lebendigkeit.

Liedbegleitung

Alter: ab 4 Jahren
Material: Rhythmusinstrumente wie Rasseln, Pauken, Bongos, Claves, Tamburine etc., alternatives Rhythmus-Set (➜ S. 6), Rasseln (➜ S. 44)

Rhythmisch kann dieses Lied im Refrain mit Rasseln und einigen wenigen Trommeln unterstützt werden: Die Trommeln spielen drei Akzente auf die drei Silben *„bin ganz Ohr"* und die Rasseln spielen mit den NachsängerInnen mit.

Variante für Fortgeschrittene

Die Strophen werden mit der Samba von S. 71 oder dem Mamboxá von S. 74 begleitet.

Lieblingsklänge

Bella Boom: Sagt mal, habt ihr eigentlich einen Lieblingsklang? Wenn wir nach unserer Lieblingsfarbe oder unserem Lieblingsessen gefragt werden, wissen wir meistens sofort eine Antwort. Wie ist es denn mit unserem Lieblingsklang?

Sara Swing: Mmmmhhh … also ich höre gerne Vogelstimmen. Am allerliebsten im Frühling. Am Morgen und am Abend. Das gibt mir ein Glücksgefühl. Da denke ich immer: ja! Das Leben geht wieder los.

Big Bäng: Ich höre gerne im Fußballstadion die Menge jubeln. Da kriege ich 'ne richtige Gänsehaut.

El Ritmo: Ich höre gerne dem Wasser zu. Flüssen, Wasserfällen oder dem Meer oder auch dem Rauschen des Wasserhahns. Der Klang von Wasser macht mich ganz ruhig.

Klangschatzkisten

Alter: ab 4 Jahren
Material: Schuhkartons mit Deckel, Zeitschriften, Scheren, Kleister, Pinsel, Perlen, Pailletten, Nadel & Faden, Glitzerfarbe; evtl. Digitalkamera

In der Gruppe werden Klangschatzkisten angelegt. Hierfür sucht sich jedes Kind eine Schachtel aus, die es mit einer Ohrencollage verziert.
Dafür schneiden die Kinder viele verschiedene Ohren aus Zeitschriften aus und bekleben damit ihre Kiste. Persönliche Verzierungen durch Aufkleben oder -nähen von Perlen und Pailletten und das Bemalen mit Glitzerfarben machen die Kisten besonders wertvoll. Bei der folgenden Aktion „Mein Lieblingsklang" werden die Kisten nach und nach mit Klangschätzen gefüllt.

Variante
Persönlicher wird es, wenn die Ohren der Kinder fotografiert und ausgedruckt werden. Die Kinder erstellen aus den Ausdrucken ihrer eigenen Ohren, evtl. in unterschiedlichen Größen, Verzerrungen etc. (Bildbearbeitungsprogramm), eine Ohrencollage auf der Kiste.

Mein Lieblingsklang

Alter: ab 4 Jahren
Material: Klangschatzkiste (➜ S. 20), Papier, Stifte

Die Kinder werden über einen bestimmten Zeitraum aufgefordert, mit offenen Ohren durch die Welt zu gehen und Lieblingsklänge zu sammeln. Jeden Morgen wird im Stuhlkreis gefragt: Gibt es neue Lieblingsklänge? Gab es von gestern auf heute einen neuen Klang, den du erlebt hast, und wie hat er sich angefühlt? Bist du vielleicht von sanften Vogelstimmen geweckt worden, hast du dem Wasser beim Duschen zugehört? Oder magst du das Geräusch beim Öffnen einer Kekspackung oder beim Essen von frischen Cornflakes? Wer hat vielleicht auch einen schrecklichen Klang gehört?
Die Kinder malen oder schreiben die Klänge auf und sammeln sie in ihren Klangschatzkisten.

Klangfänger & Klanglauscher

Alter: ab 5 Jahren
Material: Aufnahmegeräte

Bei diesem Spiel werden die Kinder zu „Klangfängern" und „Klanglauschern". Als Klangfänger werden sie mit einem Aufnahmegerät ausgestattet und machen sich in Kleingruppen von je 3 bis 5 Kindern auf die Suche nach Klängen in ihrer direkten Umgebung: Da klingen der Wasserhahn, das Klo, vielleicht singt ein Vogel und Blätter rauschen. Welche Klänge können mit dem Aufnahmegerät eingefangen werden?
Die Gruppen spielen sich ihre Ergebnisse vor. Eine Klangfängergruppe beginnt. Alle anderen werden jetzt zu Klanglauschern. Sie erraten und benennen Klang und Ort.

Variante für Kinder ab 7 Jahren
Als Nächstes werden Orte mit besonderen Klängen aufgesucht: Wie klingt es auf dem Jahrmarkt oder im Stadtpark, am Bahnhof, auf dem Bauernhof, im Supermarkt oder im Fußgängertunnel? Wieder spielen die Klangfänger ihre Ergebnisse den Klanglauschern vor und diese erzählen, was sie hören. Welche Geschichte hören sie in den Aufnahmen und stimmt sie mit der Originalsituation überein? Ohren auf …

Wie viele Instrumente klingen hier?

Alter: ab 5 Jahren
Material: Instrumente und Geräuscherzeuger aller Art

Alle Kinder sitzen im Kreis. Jedes Kind hat ein Instrument vor sich. Mithilfe der Spielleitung stellt jedes Kind sein Instrument vor: Es zeigt, wie es gespielt wird, und erklärt, wie es heißt.
Nach der Vorstellrunde setzt sich ein Kind in die Mitte und schließt die Augen.
Die Spielleitung bestimmt per Fingerzeig ein Kind, das einen Klang erzeugt. Kann das Kind in der Mitte erraten, welches Instrument es gehört hat?

Klappt das mit einem Instrument, kommt ein zweiter Klang eines anderen Instruments dazu. Beide Klänge werden auf ein Zeichen der Spielleitung gleichzeitig gespielt. Das Kind in der Mitte errät die Anzahl der Instrumente und benennt diese.

Hat es alles richtig erkannt, spielen drei Kinder gleichzeitig einen Klang. Hört das Rate-Kind die Anzahl nicht richtig oder kann es nicht alle Instrumente benennen, werden die Klänge wiederholt, ggf. auch nacheinander.

Das Rate-Kind wechselt zwischendurch immer wieder und die Spielleitung variiert die Anzahl an Klängen je nach Alter und Hörfertigkeit.

Klangmemory

Alter: ab 4 Jahren
Material: mind. 20 Behälter in gleicher Farbe und Form (z. B. Filmdosen), Füllmaterial in unterschiedlichen Körnungen: Sand, Reis, Steinchen, Mais, Nudeln, Nägel, Büroklammern …, Lebensmittelwaage

Die Kinder sitzen am Tisch, auf dem die Spielleitung alle Materialien bereitgelegt hat.

Als Erstes probieren die Kinder unterschiedliche Klänge aus, indem sie die Dosen mit verschiedenen Materialien füllen und den Klang hören.

Dann bekommt jedes Kind zwei Dosen und füllt diese mit dem gleichen Material. Beide Dosen müssen genau gleich klingen. Dafür muss der Inhalt evtl. mithilfe der Spielleitung exakt abgewogen werden.

Sind alle Klangerzeuger fertig, wird Memory gespielt: 8 bis 10 Klangboxen werden durcheinander gemischt und auf dem Tisch verteilt. Das erste Kind nimmt nacheinander zwei Klangboxen und schüttelt sie. Erklingt aus beiden der gleiche Ton, darf es sie behalten und ist noch mal dran. Sind die Töne unterschiedlich, stellt es die Boxen wieder auf seinen Platz und das nächste Kind ist dran.

Hinweis: Je geübter die Kinder sind, desto mehr Boxen werden eingesetzt.

Ich packe meinen Klang-Koffer

Alter: ab 5 Jahren
Material: evtl. Augenbinden

Alle Kinder sitzen im Stuhlkreis. Das erste Kind beginnt mit dem Kofferpacken, indem es sagt: *„Ich packe in meinen Koffer diesen Klang!"* Es macht einen Klang vor, z. B. stampfen, Hände reiben, mit den Füßen scharren, den Reißverschluss hoch und runter ziehen, einen Klettverschluss betätigen, auf den Po klopfen, ein Geräusch mit der Stimme machen …

Das nächste Kind ist dran und beginnt mit dem gleichen Satz: *„Ich packe in meinen Koffer diesen Klang …"* – hier wiederholt es den Klang des ersten Kindes – *„… und diesen Klang!"* Es zeigt der Gruppe einen neuen Klang. Jetzt ist das nächste Kind dran, das bereits zwei Klänge wiederholt und einen dritten hinzufügt.

Hat ein Kind selbst z. B. keinen Reißverschluss, ein Kind vorher hat aber ein Reißverschluss-Geräusch in den Koffer gelegt, hilft es sich selbst aus, indem es mit der Stimme und einer kleinen Pantomime den Klang imitiert.

Am Ende gibt es Koffer voller Geräusche, aus denen sich ein Bodypercussion-Stück (➜ S. 40 „Hände, Füße & der Po") gestalten lässt.

Variante

Das Klangerlebnis wird erheblich intensiver, wenn die Kinder die Augen verbunden bekommen oder wenn der Raum abgedunkelt wird. So sind die Kinder nicht durch das Auge abgelenkt.

Evelyn Glennie: Hören mit dem Körper

Sara Swing: Ich frage mich ja, ob wir wirklich nur mit den Ohren hören.

Big Bäng: Ja, klar, mit was denn sonst? Mit den Augen sieht man, mit den Ohren hört man. Mit den Händen fühlt man.

Bella Boom: Mit den Füßen auch.

Sara Swing: Ja, wir können mit dem ganzen Körper fühlen – und vielleicht können wir so auch Klänge fühlen?

El Ritmo: Ja, das ist möglich. Es gibt eine Musikerin, die heißt Evelyn Glennie. Sie ist eine weltweit bekannte Perkussionistin, Schlagzeugerin und Komponistin. Sie ist 1965 in Schottland geboren und hat in London Schlagzeug und Klavier studiert. Und sie hat eine Besonderheit: Sie ist fast taub. Aber: Sie hört die Musik mit dem Körper. Vor den Konzerten zieht sie ihre Schuhe aus, damit sie mit den Füßen besser hören kann.

Bella Boom: Das ist die Schwingung des Klangs, die sie dann spüren kann. Vielleicht habt ihr schon mal an der Straße an der Ampel gestanden und es hielt ein Auto mit lauter Musik und großen Basslautsprechern. Da fühlt ihr die Schwingung der tiefen Bässe manchmal ganz stark im Bauch.

Hinweis: 2004 ist ein Dokumentarfilm über die Arbeit von Evelyn Glennie entstanden: „Touch the Sound" ist ein großartiger musikalischer, sensibler und die Sinne anregender Film. Mit Kindern ab der 3. Klasse ist es sicher interessant, Auszüge daraus zu sehen.

Mit dem Körper hören

Alter: ab 4 Jahren
Material: große tiefe Trommeln, Klangschalen, Regenmacher, Triangeln, Gong, Filzschlägel

Die Kinder erleben die Klänge verschiedener Instrumente mit dem Körper:

- Ein Kind legt sich mit dem Rücken auf den Boden. Ein Zweites legt vorsichtig eine große Trommel auf seinen Bauch und schlägt sie mit einem großen Filzschlägel an. Wo spürt das liegende Kind etwas?

- Ein Kind liegt bequem auf dem Bauch. Ein anderes Kind platziert eine Klangschale auf seinem Rücken und schlägt sie an. Wo ist der Ton spürbar?
- Ein Kind umschließt eine Triangel an einer Seite mit der ganzen Hand, mit der anderen Hand schlägt es die Triangel an einer anderen Seite an. Was spürt die Hand am Instrument?
- Was spürt ein Kind, das den Regenmacher mit beiden Händen umfasst und den „Regen" rauschen lässt?
- Die Kinder sitzen auf dem Boden, schließen die Augen und ein großer Gong erklingt. Wie fühlt sich ihr Körper dabei an? Spüren sie etwas?

Debussy & Goethe
El Ritmo: Claude Debussy, ein französischer Komponist, hat einmal gesagt: *„Es gibt nichts Musikalischeres als einen Sonnenaufgang."*
Big Bäng: Versteh' ich eigentlich nicht. Wie hat er das denn gemeint? Den Sonnenaufgang kann man doch nicht hören.
Bella Boom: Auch der Dichter Goethe hat in seinem Werk „Faust" geschrieben: *„Die Sonne tönt nach alter Weise …"*
Sara Swing: Ich glaube, das ist so: Wir hören den Sonnenaufgang zwar nicht mit unseren Ohren, so wie ich dich jetzt hier sprechen hören kann, aber wenn ich mich z. B. mal eine Weile in die Sonne setze, einen Moment in das Licht schaue, dann die Augen schließe und einfach mal höre, dann höre ich vielleicht doch etwas.
El Ritmo: Dann hören wir nicht nur mit den Ohren und spüren nicht nur Schwingungen im Körper, sondern wir hören auch mit unserer Fantasie?
Bella Boom: Lasst es uns mal ausprobieren. Wenn wir jetzt die Sonne erklingen lassen möchten, welche Instrumente würden wir wählen? Klingt die Sonne eher hoch oder tief? Laut oder leise?

Die Sonne klingt

Alter: ab 4 Jahren
Material: Instrumente und Geräuscherzeuger aller Art

Alle Kinder sitzen im Kreis. In der Mitte liegen Instrumente und Geräuscherzeuger aller Art.
Die Spielleitung probiert gemeinsam mit den Kindern aus, wie die Sonne klingen könnte. Nacheinander lassen einzelne Kinder ein Instrument ertönen. Gibt es schon Ideen, wie die Sonne klingt? Welche Instrumente passen zu ihr? Klingt sie hoch oder tief, leise oder laut? Reicht ein Instrument, um sie erklingen zu lassen, oder braucht es mehrere?

Einzelne Kinder nehmen sich die Instrumente aus der Mitte, die sie für den Klang ihrer Sonne brauchen, und lassen ihre Sonne erklingen. Das kann für jeden Mitspieler völlig anders ausfallen und ist nicht zu bewerten. Alles ist richtig!
Gemeinsam entsteht ein langer Sonnen-Klangaufgang …

Variante

Haben sich die Kinder in diese Aufgabe eingefühlt, verklanglichen sie andere Dinge: Wie klingt das Wachsen der Bäume? Der Himmel? Wie klingen Himbeereis, meine stinkenden Socken, frisches Brot … der Keller?

ERLEBEN!

EINFACHE RHYTHMUS-MOTIVE GESTALTEN & BEGREIFEN

In diesem Kapitel lernen wir die Welt der Rhythmen kennen und uns in ihr zurechtzufinden. Mit unseren bereits gut trainierten Ohren untersuchen wir weiterhin die Welt nach Klängen, um im nächsten Schritt mit den Klängen Rhythmen zu gestalten. Wir nützen die Klänge, um erste rhythmische Erfahrungen zu machen und einfache rhythmische Motive zu gestalten und zu begreifen.

Über unseren eigenen Herzschlag erfahren wir, was ein Metrum ist und dass unser ganzes Leben von Rhythmen begleitet wird. Wir grooven mit dem Körper und mit der Stimme und wir klären, was Rhythmus und Takt ist. Und wie wir unsere Rhythmen aufschreiben können – denn wie sollen wir sie uns sonst merken? Wir werden zu einem Zeitungsorchester und einer Rasselbande, der Spielplatz rockt und von den Spechten hören wir ein Liebeslied …

Naturrhythmen

El Ritmo: Es gibt Völker dieser Erde, die haben keine Uhren und Kalender. Die richten sich nur nach dem Rhythmus der Natur. Da gibt es Menschen im zentralafrikanischen Burundi, die sich verabreden, wenn die Kühe auf die Weide gehen, wenn der Hahn kräht oder die Kälber zur Tränke ziehen. So teilen sie ihren Tagesrhythmus ein.

Sara Swing: Und wir? Wonach könnten wir uns richten, wenn wir keine Uhren und Kalender hätten und in einer Stadt leben?

Big Bäng: Das ist gar nicht so einfach. Zum Beispiel nach dem Mond und den Sternen, aber die sind in einer beleuchteten Großstadt oft nicht gut zu sehen. Tag und Nacht können wir natürlich gut unterscheiden und danach leben ja auch die meisten Menschen. Nachts schlafen wir und am Tag sind wir aktiv.

Bella Boom: Und die Jahreszeiten können wir erkennen. Auf dem Land und im Wald sind die natürlich deutlicher zu spüren, aber auch in der Stadt fühlen wir Frühling, Sommer, Herbst und Winter, und unser Leben richtet sich danach.

Big Bäng: Die Menschen, die am Meer leben, haben Ebbe und Flut. Das ist auch ein Naturrhythmus.

Sara Swing: Aber den menschlichen Körper bewegen noch andere, stillere Rhythmen: die Atmung, der Pulsschlag, Hunger und Sättigung, Spannkraft und Müdigkeit, wach sein und Schlafen, Jugend und Alter.

El Ritmo: Wisst ihr, irgendjemand hat mal gesagt: Rhythmus ist in jedem schöpferischen Werk zu spüren, das uns wirklich berührt. Das gilt für ein neues Auto oder eine App ebenso wie für ein Gemälde oder eine Rede, wie für einen Tanz oder für ein Theaterstück – wie auch für ein Musikkonzert.

Big Bäng: Ha, und mein Puls, also mein Herzschlag ist dann mein eigener Grundschlag, also mein eigener Beat.

El Ritmo: Richtig! Dein eigenes Metrum. So nennt man in der Musik einen immer wiederkehrenden Grundschlag, der gleichmäßige Impulse setzt. Darauf baut alles andere auf.

Mein Herzschlag

Alter: ab 5 Jahren
Material: Matten oder Decken

Die Spielleitung übt mit den Kindern das Fühlen des Pulses. Es gibt drei Körperstellen, an denen der Puls gefühlt werden kann: am Hals, am Handgelenk und am Herzen.

Jedes Kind legt sich bequem auf eine Matte. Es ist ganz leise.

Als Erstes suchen die Kinder ihren Pulsschlag am Handgelenk. Die Spielleitung geht leise von Kind zu Kind und unterstützt, indem sie selbst den Puls beim Kind spürt und dann die Finger des Kindes auf die Stelle legt. Es ist eine ganze Weile still und die Kinder erleben ihren eigenen „Beat".

Dann werden sie nacheinander aufgefordert, ihren Puls, während sie ihn fühlen, mitzusprechen oder zu singen: Ding, ding, ding … wie eine Uhr. So wird der Puls für alle anderen hörbar. Schlagen alle Herzen gleich? Sind einige schneller und andere langsamer?

Hat das Finden des Pulses am Handgelenk gut geklappt, versuchen die Kinder, den Puls auch am Hals zu spüren und am Herzen.

Mein Tempo – dein Tempo

Alter: ab 7 Jahren

Alle Kinder stehen verteilt im Raum. Es ist ganz still. Die Kinder schließen die Augen und werden von der Spielleitung aufgefordert, auf ihren Atem zu hören und zu spüren, wie er ein- und ausströmt.

Nach einer Weile sucht jedes Kind seinen Puls am Handgelenk. Die Kinder spüren nun eine Weile ihren Puls, ihr eigenes Metronom. Sie werden leise von der Spielleitung aufgefordert, genau auf das Tempo zu hören und sich vorzustellen, wie schnell sie gehen müssen, wenn sie dieses Tempo in ihre Füße nehmen und loslaufen.

Auf ein Signal öffnen alle Kinder die Augen und gehen mit der Hand auf ihrem Puls in ihrem Tempo durch den Raum. Jeder bleibt zunächst bei sich und seinem Tempo.

Nach und nach versuchen die Kinder, auch die anderen in ihren Tempi wahrzunehmen. Wie beeinflusst dies ihr eigenes Tempo? Wer aus dem eigenen Rhythmus kommt, versucht wieder seinen Puls zu spüren.

Auf ein weiteres Signal der Spielleitung bleiben die Kinder wieder stehen und spüren nach. Hat sich ihr Puls verändert?

Vom Puls zum Rhythmus

Alter: ab 9 Jahren

Alle Kinder laufen in ihrem Puls-Takt durch den Raum (→ S. 27 „Mein Tempo – dein Tempo"). Die Spielleitung fordert sie auf: *„Findet jetzt ein gemeinsames Tempo. Hört genau auf die anderen, gebt aber auch euer eigenes Tempo nicht zu schnell auf. Langsam passt ihr euch an. Die ganz schnellen Läufer werden etwas langsamer, die ganz langsamen erhöhen ihr Tempo, bis alle ein Tempo haben, d. h. alle laufen jetzt im Gleichschritt. Vermeidet es, immer im Kreis zu laufen."*

Ist ein einheitliches Tempo entstanden, ruft die Spielleitung eine „Eins" in den Raum. Diese Eins trifft manche Kinder auf dem rechten und andere auf dem linken Fuß. Sie werden aufgefordert leise weiter bis Vier zu zählen und jede nächste Eins laut zu sprechen: *„Eins, Schritt, Schritt, Schritt, eins, Schritt, Schritt, Schritt …"*
Nach einer Weile gibt die Spielleitung je nach Fertigkeiten der Kinder neue Anweisungen, z. B.:
* *„Wir sprechen die Eins und klatschen die Drei."*
* *„Wir stampfen jetzt auch noch die Zwei."*
* *„Wir hören auf, die Eins zu sprechen."*
* *„Wir klatschen auch die Vier."* usw.
So entstehen unterschiedliche Rhythmen auf ein Metrum mit klaren Zählzeiten.

Sara Swing: Ich habe doch mal so ein schönes Herzlied geschrieben. Wo ist das denn nur?
Bella Boom: Ich glaube, wir müssen die ganze Werkstatt hier bald mal aufräumen.
El Ritmo: Bloß nicht. Dann finde ich hier nichts mehr wieder. Warte, ich gucke im Archiv nach bei H wie Herz … Da ist es aber nicht.
Sara Swing: Klar, es heißt ja auch „Mein Herz". Du musst bei „M" nachschauen.
El Ritmo: M … Mama … Mantra … Marmor, Stein … Hier kommt die Maus … Mein Herz, hier ist es!
Sara Swing: Lasst uns das bitte mal spielen. Es beginnt mit dem Herzschlag. Den kann Bella auf der großen, tiefen Trommel spielen.

Mein Herz

Nr. 8

Text: M. F. Hohberger | **Musik:** M. F. Hohberger, R. Kiwit

Strophe

Ich hö-re mein Herz schla-gen, lei-se tickt es vor sich hin. Je-der Mensch hat so sein

Tem-po, es ist ein-fach in uns drin. Wenn ich ren-ne, schlägt es schnel-ler, wenn ich

schla-fe, kommt's zur Ruh'. Und das gilt ge-nau-so für Hund, Maus, Kat-ze, Kuh. 1. Das

Refrain

Meer hat Flut und Eb-be, das Jahr vier Jahr-res-zei-ten,

Son-ne und Mond ge-hen auf und un-ter, Blu-men blüh'n und ver-wel-ken. 2. So

fällt der Schnee im Win-ter, die Rau-pe wird zum Schmet-ter-ling, im

Früh-ling krie-gen Tie-re Kin-der: Das ist der Rhyth-mus der Na-tur! D.C.

Liedbegleitung

Alter: ab 5 Jahren
Material: tiefe Basstrommel oder Tamburin mit
Schlegel, Harmonie-Instrument (Gitarre, Klavier …)

Die Liedbegleitung besteht aus der Imitation eines lei-
sen Herzschlages, gespielt auf einer tiefen Trommel.
Das Tempo bestimmt das Kind, das die Trommel
spielt, indem es einen Moment seinen eigenen Puls
fühlt und dann das Tempo seines Pulses auf das Spiel
mit der Trommel überträgt.

Dann setzt ein Harmonie-Instrument ein und das Lied
wird gesungen. Entweder singen alle gemeinsam
oder als Variante und um ein bisschen Abwechslung
hinein zu bekommen, singen alle den Refrain am Anfang und am Ende und einzelne Kinder singen die
Strophen im mittleren Teil.

Metrum und Takt

Sara Swing: El Ritmo, was machst du denn da? Wa-
rum wühlst du denn in allen Schubladen?
El Ritmo: Ich suche die Uhr.
Bella Boom: Auf meinem Handy ist es 13:47 Uhr.
Wieso fragst du mich nicht?

El Ritmo: Weil ich gar nicht wissen will, wie spät es ist. Ich will erklären, was ein Rhythmus ist, was ein
Takt ist und warum in der Musik immer jemand vorzählt, denn wenn wir jetzt Leute hier in unsere
Werkstatt einladen, dann müssen wir ihnen auch ein bisschen erklären, was wir hier machen. Und ich
habe eine super Idee, wie das ganz leicht zu kapieren ist. Aber dafür brauche ich meinen alten Wecker
mit Sekundenzeiger.
Sara Swing: Na, da bin ich jetzt aber mal gespannt.
Big Bäng: Er sucht ein altmodisches Zeitmessgerät …
El Ritmo: Ja, genau. Rhythmus ist Zeit und deshalb nicht besser zu erklären als mit einem altmodischen
Zeitmessgerät. Genau mit dieser Uhr mit Sekundenzeiger, bei der wir das Ticken hören: Klick – klick –
klick – klick – klick – klick … Hört ihr es? Dann jetzt mal schön aufgepasst: Das Ticken der Uhr ist der
Grundschlag oder auch „Puls" oder „Beat" genannt. Also das Metrum, so wie der Herzschlag in uns.
Der Takt ist die Einteilung der Grundschläge in Zählzeiten. Jetzt zählen wir reihum immer bis Vier. Pro
Klick eine Zahl. Ich fange an, dann kommst du Bella, dann Big Bäng, dann Sara. Achtung – und:
El Ritmo: Eins …
Bella Boom: … zwei …
Big Bäng: … drei …
Sara Swing: … vier!
Big Bäng: Ach, deshalb zählen Musiker immer laut vor, bevor sie anfangen zu spielen. Die geben das
Tempo vor!
El Ritmo: Richtig!!

Hör den Klick

Alter: ab 5 Jahren
Material: Wecker mit Sekundenzeiger oder ein Metronom

Die Kinder setzen sich so hin, dass sie die Uhr gut hören können. Es ist ganz leise. Eine Weile wird aufmerksam dem Rhythmus des Uhrzeigers gelauscht.
Die Kinder zählen gemeinsam jeden Klick, immer von Eins bis Vier und wieder von vorn.
Als Nächstes werden vier Kinder bestimmt, die die Zahlen Eins bis Vier abwechselnd durchzählen. Ein Kind sagt „eins", das nächste „zwei" usw., pro Schlag eine Zahl, dann wieder bei der Eins beginnen.
Klappt das mit den vier Kindern, bilden alle um die Uhr einen dichten Kreis. Ein Kind beginnt mit der Eins, sein Nachbar spricht die Zwei, das nächste Kind die Drei, das nächste die Vier und das nächste wieder die Eins, sodass das Zählen einmal durch den ganzen Kreis läuft. Die Kinder lauschen immer wieder auf den Sekundenzeiger: Sind sie noch im Takt?
Hinweis: Wenn der Lauf des Sekundenzeigers für diese Übung zu schnell oder zu leise ist, hilft entweder ein Metronom oder die Spielleitung klopft ein gut hörbares gleichmäßiges Metrum.

Variante für ältere Kinder
Sind die Kinder sicher im Wahrnehmen ihres Zusammenspiels mit dem Metronom, kann dieses Spiel in unendliche Varianten ausgeweitet werden:
- Pro Klick spielt jedes Kind einen Bodypercussion-Sound.
- Pro Klick erklingt ein Stimmgeräusch.
- Pro Klick ertönt ein Instrument …

Boom Tschak Pling:
Ein Rhythmus entsteht

El Ritmo: Super. Jetzt haben wir in einem Viervierteltakt gezählt, denn wir haben immer nach vier Zahlen wieder von vorne angefangen. **Rhythmus** nennt man die Abfolge mehrerer Noten oder Pausenwerte. In der nächsten Runde sprechen wir pro Zahl mal einen rhythmischen Laut. Achtung, wir müssen dabei weiter auf den Sekundenzeiger hören. Ich fange an: Boom …

Bella Boom: … Tschak …

Big Bäng: … Pling …

Sara Swing: … Dusch …

El Ritmo: So, fertig. Das ist ein Rhythmus. Und wenn wir den in Noten schreiben, dann schreiben wir pro Zahl eine Viertelnote. Das sieht so aus:

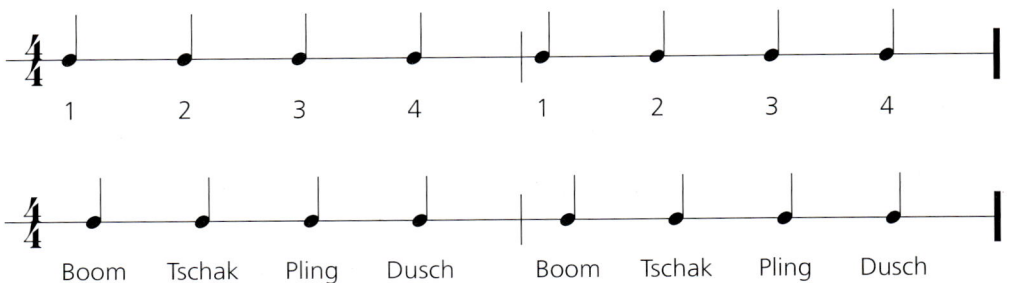

El Ritmo: Und nach vier Noten muss man einen Strich machen. Das ist der Taktstrich. Und dann können wir wieder vier Viertelnoten schreiben und machen wieder einen Taktstrich. So haben wir dann den berühmten **Viervierteltakt**.

Big Bäng: Aber auf Dauer ist das ja ein bisschen langweilig.

El Ritmo: Richtig. Deswegen können wir mit **Pausen** arbeiten. **Viertelpausen** sehen so aus: ⅃
Wenn im Rhythmus eine Viertelpause notiert ist, dann passiert da eine Zählzeit lang „nix". Wir sprechen an der Stelle die Silbe „Nix", also: „Boom Tschak Nix Dusch". Ok., super. Und jetzt spricht jeder das „Nix" nur innerlich, also ohne, dass wir es hören.

Sara Swing: Und auf diese Weise hören wir jetzt die Pause.

El Ritmo: Genau! Und wie ihr merkt, muss eine Pause in der Musik aktiv gespielt werden, auch wenn wir sie nicht hören.

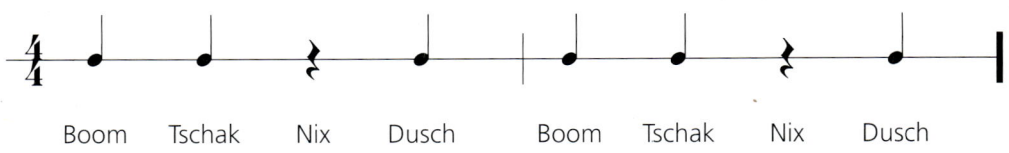

El Ritmo: Und bei einer **Verdopplung** werden aus einer Viertelnote zwei **Achtelnoten**. Das sieht so aus: ♫ Jetzt können wir unseren Rhythmus neu mischen. Wir hatten: „Boom Tschak Pling Dusch". Verdoppeln wir jetzt das „Boom" auf der Eins und machen auf der Vier eine Pause, dann klingt das so: „BoomBoom Tschak Pling Nix".

Ein anderes Beispiel: „Boom Tschak Nix PlingPling". Und geschrieben wird es so:

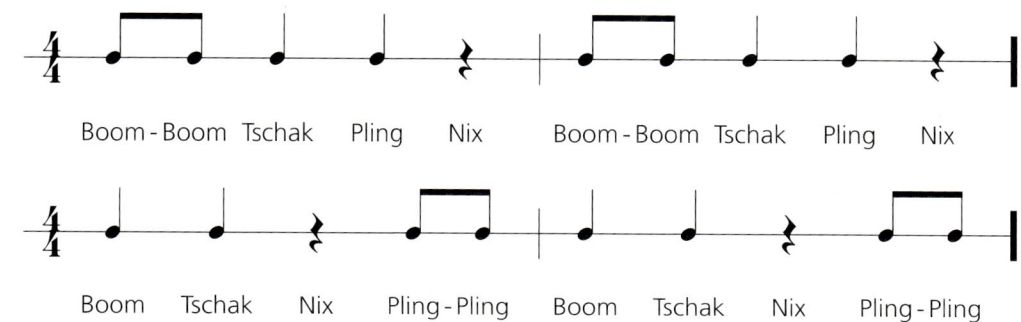

Big Bäng: Verflixt noch mal! Nicht schlecht, El Ritmo. Also, ich hab's kapiert.

El Ritmo: Ok. Ich hoffe, alle anderen auch. Und jetzt geht's los!!!

Rhythmus-Lotto

Alter: ab 6 Jahren

Die Spielleitung kopiert die Abb. viermal, schneidet die Kärtchen aus und laminiert sie.

Die Karten werden gemischt verdeckt auf einem Tisch bereitgelegt und jedes Kind zieht verdeckt eine Karte. Nacheinander werden immer vier Karten nebeneinander auf den Tisch gelegt. Jetzt steht dort ein Rhythmus, der gespielt, gesungen oder geklatscht werden kann, indem jedem Notenwert eine Silbe oder ein Bodypercussion-Sound zugewiesen wird. Die Pausen bekommen ein „Nix" zugeordnet, das die Kinder flüstern oder nur denken. So können sie das Metrum trotz Pause weiter spüren.

Jeder Lotto-Rhythmus wird von allen Kindern mehrfach hintereinander gespielt, damit sie sich in den Rhythmus einfinden können.

Variante

Die Kinder spielen die Rhythmen mit Instrumenten nach.

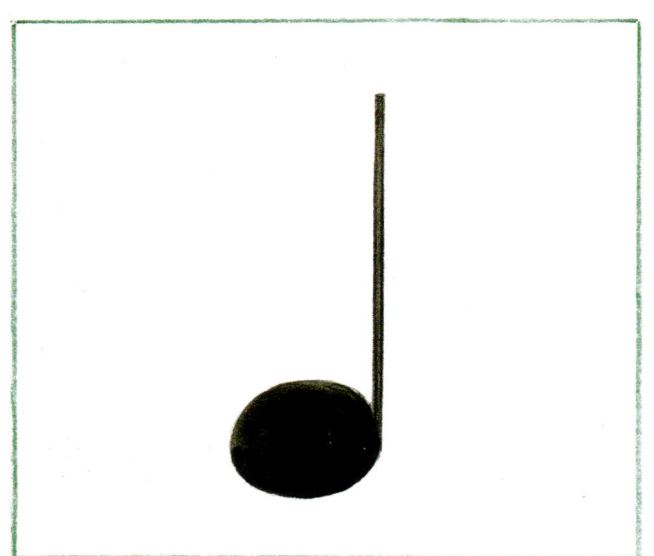
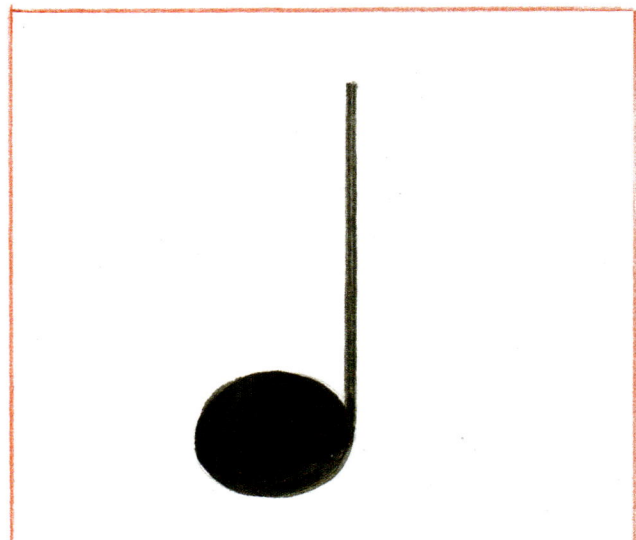

El Ritmo: Jetzt wisst ihr, was ein Rhythmus ist, ihr wisst, wie das mit dem Grundpuls ist und was euer Herz damit zu tun hat, ihr wisst, wofür wir Takte brauchen und ihr könnt sogar schon Rhythmusnoten lesen! Jetzt kommen unsere Lieblingsspiele und Experimente, frisch aus dem Labor, mit denen ihr üben und probieren könnt. Viel Spaß beim Grooven!

Dein Name als Rhythmus

Alter: ab 5 Jahren
Material: evtl. verschiedene Percussion-Instrumente

Alle Kinder sitzen im Kreis. Jeder Name wird auf seine Silbenzahl überprüft und jedes Kind lernt seinen Namen mit einem Klatscher pro Silbe zu klatschen: Li-sa, Da-ni-el, Ka-tha-ri-na …
Jedes Kind stellt sich im Kreis vor, indem es seinen Namen einmal spricht und gleichzeitig mitklatscht. Alle anderen wiederholen den Namen und das Klatschen wie ein Echo im Chor, bis reihum alle einmal an der Reihe waren.

Variante
Jedes Kind bekommt ein Instrument und stellt sich jetzt mit Namen und dem dazugehörigen Silbenrhythmus auf seinem Instrument vor. Die anderen antworten als Echo.

Tim, Anna, Oliver

Alter: ab 6 Jahren
Material: tiefe Trommeln, Conga oder Djembe, Bongos, Guiro oder Waschbrett, alternatives Rhythmus-Set (➜ S. 6)

Die Spielleitung teilt die Kinder in vier Gruppen und verteilt passend dazu Instrumente: Die Kinder mit einsilbigem Namen bekommen eine tiefe Trommel oder einen Hocker mit Mousepad und Sticks.

Kinder mit zweisilbigem Namen erhalten ein etwas höheres Instrument, z. B. eine Conga oder Djembe, oder bespielen ihre Hocker-Trommel mit den Sticks am Rand.
Die „Dreisilber" bekommen ein paar Bongos oder die Flaschen-Glocken.
Die „Viersilber" spielen Guiro oder ein Waschbrett, also ein Instrument, das einen regelmäßigen „Teppich" durch hoch- und runterratschen erzeugt, oder selbst gebaute Rasseln.
Die „Einsilber" beginnen und spielen auf ein von der Spielleitung eingezähltes ruhiges Tempo ihr Instrument entsprechend den Rhythmusnoten.

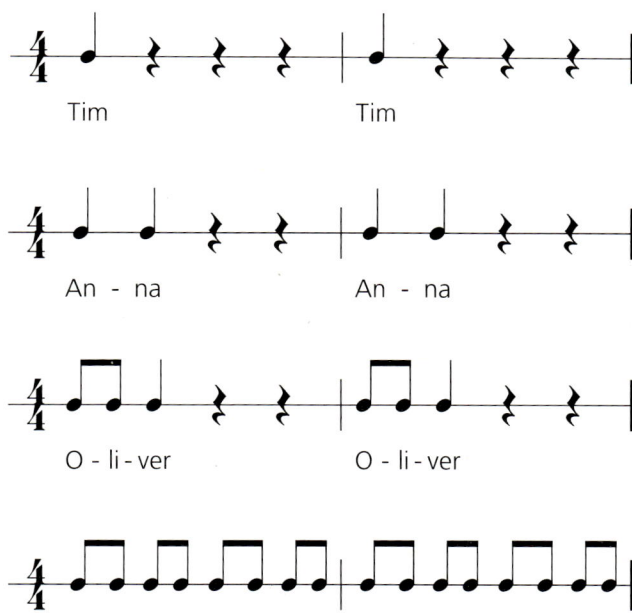

Auf ein Zeichen der Spielleitung setzen die „Zweisilber" ein.

Alle wartenden Kinder werden aufgefordert, gut zuzuhören. Wie klingen die beiden Stimmen? Sind sie zusammen im richtigen Tempo? Ist eine Gruppe schneller oder langsamer als die andere?

Können die beiden Gruppen gut zusammenspielen, kommt die dritte dazu und zuletzt die Gruppe mit den „Viersilbern".

Wir machen heut' Musik

Variante

Interessanter wird der Rhythmus noch, wenn die „Dreisilber" ihren Rhythmus versetzen, indem sie erst die zwei Pausen spielen und dann ihre drei Silben, also einfach das notierte Motiv umdrehen.

Nr. 4

Text: M. F. Hohberger | **Musik:** M. F. Hohberger, R. Kiwit

Dies ist ein schwungvolles Lied zum Start in die gemeinsame musikalische Aktion. Jeder Mitspieler wird hier einmal beim Namen genannt. Das berührt die

Kinder und sie fühlen sich willkommen. Konzipiert im Call-&-Response-System macht es den Kindern viel Spaß.

Strophe

Gm   F

1. Sa - ra — Sa - ra, Big Bäng — Big Bäng, El
2. En - na — En - na, Tho - mas — Tho - mas, Ma -

Gm   1. C   2. C

Rit - mo — El Rit - mo, yo, yo, yo, hey! yo, yo, yo, hey! Wir
ri - a — Ma - ri - a,

F   Gm   C7

ma-chen heut' Mu-sik und sind 'ne gro-ße Band! Je-der ist da-bei und hat ein

F   Gm

In-stru - ment. Wir groo-ven und wir moo-ven: eins, zwei, drei, vier, boom, tschak, hey!

C7   F   Break

Al - le, ja, al - le sind da - bei! Boom, tschak, boom, tschak, da, da, da, da, da, da, da, hey!

Liedbegleitung

Alter: ab 4 Jahren

Die Spielleitung übernimmt die Rolle der Vorsängerin und singt alle Namen vor, die von den Kindern im Chor wiederholt werden. Spielleitung: *„Sara"* – Kinder: *„Sara"* …
Klappt das, singen die Kinder verschiedene Namen vor oder jedes Kind singt seinen Namen selbst vor und der Chor antwortet, indem er den Namen wiederholt.

Break: ab 6 Jahren

Der Break wird zunächst mit Bodypercussion eingeübt. Hierfür sitzen alle Kinder auf Stühlen im Kreis.

Die Füße berühren den Boden, die Hände ruhen auf den Oberschenkeln. Das *„Boom"* wird mit den Händen auf die Oberschenkel geklatscht, bei *„tschak"* klatschen die Kinder in die Hände. Der zweite Teil des Breaks wird wieder auf den Oberschenkeln geklatscht. Lautes Mitzählen *„eins, zwei, drei, eins, zwei, drei"* hilft, ebenso wie Nonsenssätze, die in ihrer Lautierung den Rhythmus unterstützen, z. B.: *„Gib mir doch bitte ein Eis!"*
Nach einer Weile des Übens spielen die Kinder den Break auf Instrumenten. Auch hier immer weiter innerlich mitsingen oder zählen.

Variante

Mit fortgeschritteneren Gruppen kann der Refrain mit dem Samba-Rhythmus von S. 71 begleitet werden.

Break, Intro, Call & Response
El Ritmo: So, und wer kann jetzt mal den Begriff *Break* erklären?
Big Bäng: Ich. *Break* ist Englisch und bedeutet übersetzt „Bruch" oder „Pause".
El Ritmo: Yes. That's right!
Bella Boom: Und was bedeutet das für unsere Musik?
Big Bäng: Der Break unterbricht an bestimmten Stellen den Rhythmus oder die Form des Liedes. Er bereichert unsere Musik und macht sie interessanter. Stellt euch mal vor, in dem Lied hier würde der Break fehlen. Das ginge auch, aber es wäre insgesamt langweiliger. Noch wichtiger sind die Breaks, wenn wir unsere Rhythmen längere Zeit spielen. Um das interessant zu halten und um nicht immer den gleichen Rhythmus zu spielen, unterbrechen wir ihn zwischendurch mit einem Break.
Sara Swing: Breaks können auch als Intro, also als Einleitung in ein Stück, gespielt werden. Dann werden sie einfach vorne vor das Lied gestellt. Und die Call-&-Response-Motive eignen sich auch als Breaks und Intros. *Call-&-Response*-Motive, schon wieder Englisch, das heißt „Ruf & Antwort": Einer macht den *Call,* er ruft also wie hier in dem Lied z. B. einen Namen, und die anderen geben die *Response,* die Antwort, und wiederholen den Namen. Das gibt's ganz oft in afrikanischer Musik oder auch in brasilianischer Musik – aber dazu später …

Call-&-Response-Spiele

Alter: ab 5 Jahren
Material: Rhythmusinstrumente, alternatives Rhythmus-Set (➔ S. 6)

Die Kinder sitzen im Kreis. Die Spielleitung führt die verschiedenen Ruf-&-Antwortspiele zunächst mit Bodypercussion ein.
Jede Notenzeile bildet ein eigenständiges Call-&-Response-Spiel, das ganz oft hintereinander gespielt wird, bis der Rhythmus sitzt.
Die roten Noten sind der Ruf. Sie werden in die Hände geklatscht.
Die schwarzen Noten sind die Antwort. Dazu klatschen die Kinder auf die Oberschenkel.
In der **1. Zeile** klatscht die Spielleitung also vier Achtel in die Hände und die Kinder antworten mit zwei Vierteln, indem sie auf ihre Oberschenkel klatschen.
In der **2. Zeile** klatscht die Spielleitung vier Achtel und eine Viertel vor und die Antwort besteht aus einem kräftig gerufenen „Hey!" Das „Hey!" wirkt noch lebendiger, wenn dabei gleichzeitig die Arme in die Höhe gestreckt werden.
Die **3. Zeile** ist 2-taktig. Die Spielleitung klatscht den ersten Takt, die Kinder antworten mit dem zweiten Takt.
Alle Fragen werden zunächst von der Spielleitung vorgespielt, dann wird die gemeinsame Antwort geübt. Später stellen reihum die Kinder die Fragen, indem sie die Rolle der Spielleitung übernehmen.
Im nächsten Schritt werden die Rufe und Antworten auf Instrumente übertragen.

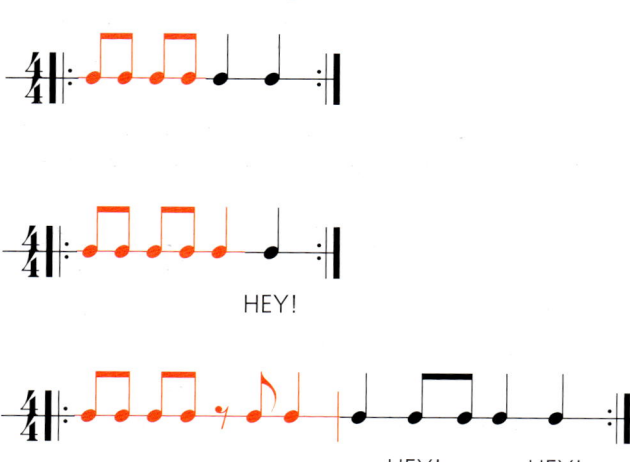

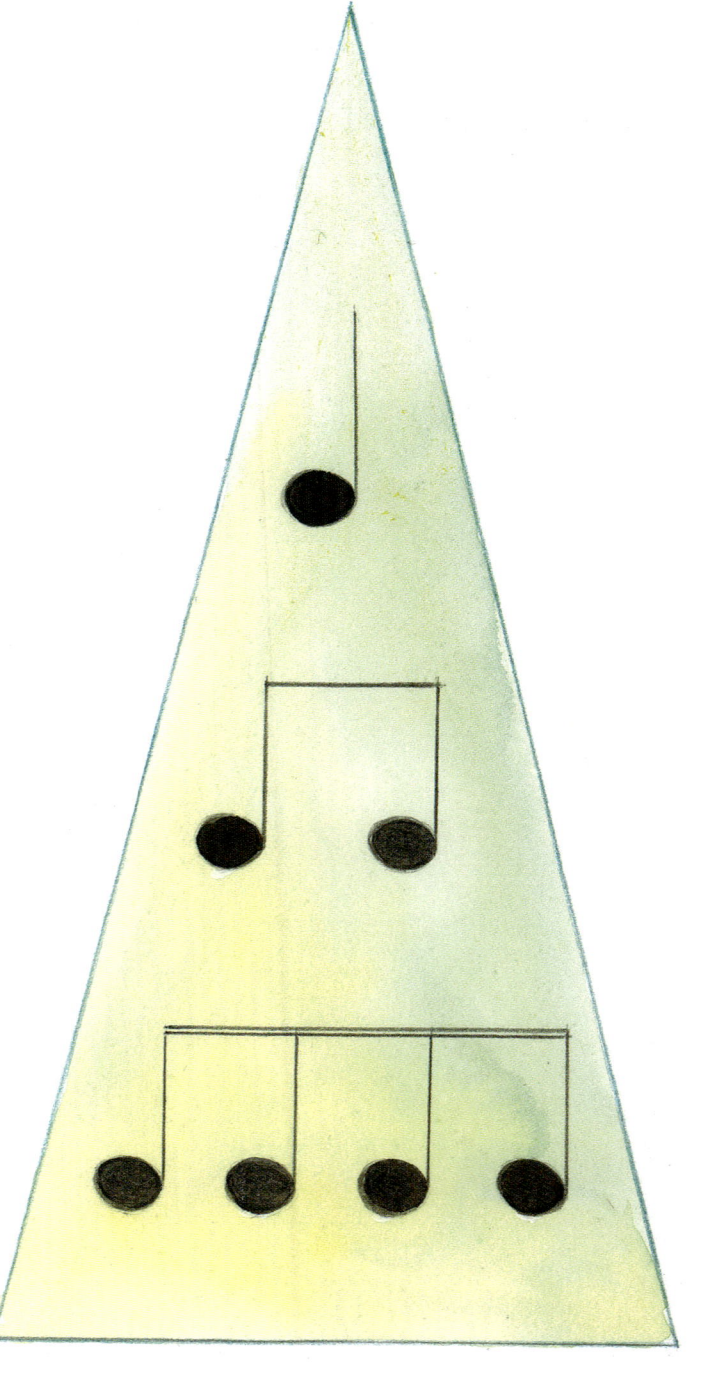

Varianten für Fortgeschrittene

- Diese beiden etwas komplexeren Call-&-Response-Spiele stammen aus Westafrika und Brasilien: Die **1. Zeile** ist ein Break & Call, der häufig in der traditionellen westafrikanischen Musik zu hören ist (vgl. 💿 Nr. 18 „Fatou Ye"). Die **2. Zeile** ist ein Call aus der brasilianischen Sambamusik (vgl. „Sambinha – kleine Samba" ➜ S. 71). In der Frage unterscheiden sich die Tonhöhen. Die Note oberhalb der Linie ist ein höherer Ton, beispielsweise am Rand einer Conga oder eines Hockers gespielt. Die Note unter der Linie ist der tiefere Ton, der in der Mitte des jeweiligen „Trommelfells" gespielt wird. So entsteht eine kleine Melodie.

- Mit dem Rhythmus-Lotto von S. 34 können die Kinder mithilfe der Spielleitung eigene Call-&-Response-Motive komponieren.

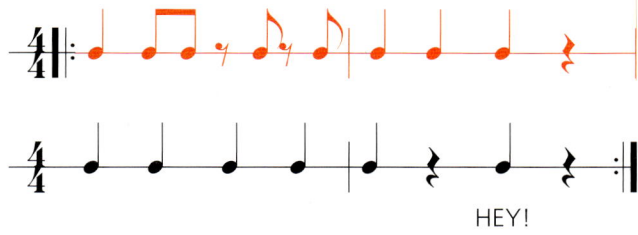

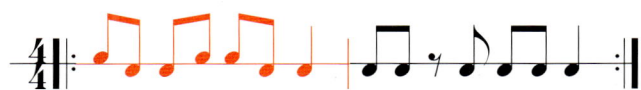

HEY!

Achtelpausen & Achtelnoten

Big Bäng: Stopp, jetzt ist uns hier aber mindestens ein neues Zeichen zwischen die Noten gerutscht!!

El Ritmo: Gut aufgepasst!!! Das sind die Achtelpausen. Bisher haben wir Achtelnoten kennengelernt, sie waren immer zu zweit und mit einem Balken verbunden. Wenn wir diesen Balken durchschneiden, sind die Noten einzeln und jede hat ein Fähnchen runterhängen. Jede einzelne Note kann jetzt auch zu einer Pause werden.

Big Bäng: Und was sind das für Noten mit Doppelbalken?

El Ritmo: Sechzehntelnoten. Die sind dann sozusagen doppelt so schnell wie die Achtel. Ich male dir hier mal einen kleinen Notenbaum auf. Dann kannst du das gut erkennen. Und es gibt natürlich noch viel „langsamere" und auch noch viel „schnellere" Noten, aber wir müssen nicht alles gleichzeitig lernen. Da kommen wir nur durcheinander.

Ein Lied klatschen

Wenn wir ein Lied nur klatschen, ohne dabei zu singen, erhalten wir einen Rhythmus. Das innere Singen unterstützt durch die Lautierung das Halten des Rhythmus'.

Alter: ab 5 Jahren
Material: evtl. Percussion-Instrumente

Alle Kinder sitzen im Kreis und singen gemeinsam ein einfaches bekanntes Lied wie z. B. „Hänschen Klein" oder „Alle meine Entchen".

Als Nächstes wird das Lied gesungen und im Silbenrhythmus mitgeklatscht, also pro Silbe ein Klatscher. Nach einer Weile des Übens singen die Kinder das Lied nur innerlich und klatschen es weiterhin mit. Jetzt ist also nur der Rhythmus zu hören. Um den Rhythmus nicht zu verlieren, müssen sie innerlich weitersingen.

Al - le mei - ne Ent - chen   schwim - men auf dem See,   hey!

Köpf - chen un - ter Was - ser,   Schwänz - chen in die Höh'.   Hey!

Häns - chen Klein   ging al - lein   in die wei - te Welt   hi - nein,

Stock und Hut   steh'n ihm gut,   er war froh Ge - mut.   Hey!

Doch die Ma - ma wei - net sehr,   hat ja nun kein Häns - chen mehr,

da be - sinnt   sich das Kind,   läuft nach Haus ge - schwind. Hey!

Variante

Mit beiden Liedbeispielen „Hänschen Klein" und „Alle meine Entchen" können rhythmische Ruf-&-Antwortspiele gestaltet werden. Diese können als Intro oder als Break in anderen Musikstücken verwendet werden (→ S. 37).

Der Ruf wird von einem Kind auf einem Instrument gestellt. Die Antwort geben alle. Oder der Ruf wird von den hohen Instrumenten gestellt und die Antwort geben die tiefen Instrumente. Jedes Kind singt innerlich das Lied mit.

Hände, Füße & der Po

Alter: ab 4 Jahren

Alle Kinder sitzen im Stuhlkreis. Welche Klänge können wir produzieren, wenn wir nur unseren Körper zur Verfügung haben? Die Kinder probieren aus: In die Hände klatschen, mit den Füßen stampfen, auf die Brust klopfen, auf die Oberschenkel patschen, auf den Po klopfen … Wie klinge ich? Wie klingst du?

Nach einer Weile des Ausprobierens gibt die Spielleitung die einfachen rhythmischen Motive vor, die die Kinder durch Nachahmen mitspielen.

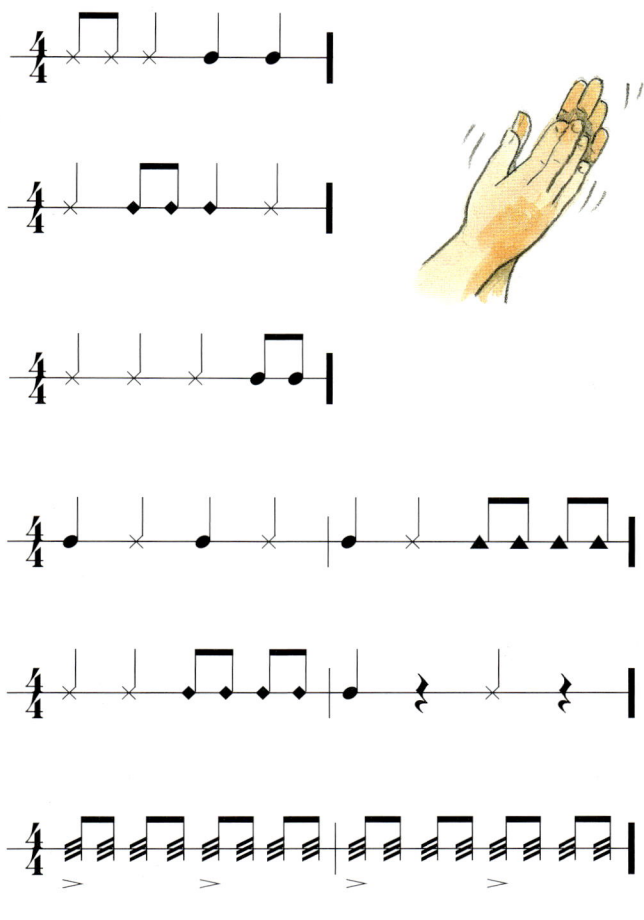

× = Klatschen
● = Stampfen
▲ = mit den Händen auf die Brust
◆ = mit den Händen auf die Oberschenkel
≋ = Hände gegeneinander reiben

Im nächsten Schritt verändern die Kinder die Motive nach eigenen Ideen oder erfinden ganz neue Motive. Vielleicht übernehmen sie einen der Rhythmen, setzen ihn aber mit anderen Bodypercussion-Sounds um, ein anderes Kind baut aus den neuen Sounds einen anderen Rhythmus … Wer eine neue Idee hat, gibt den Rhythmus im Kreis vor, alle anderen wiederholen ihn, bis der Rhythmus läuft.

Variante

Mit den Bodypercussion-Rhythmen werden Lieder begleitet. Ein Teil der Gruppe macht den Rhythmus, der andere Teil singt das Lied. Das Lied „Ganz Ohr" von S. 18 lässt sich z. B. gut mit Rhythmusbeispiel Nr. 3 oder 4 begleiten.

Der Spielplatz grooved

Alter: ab 6 Jahren
Material: 1 Paar Schlagzeugsticks pro Kind

Die Kinder gehen auf den Spielplatz und untersuchen den Platz mit seinen Geräten auf unterschiedliche Töne. Wie klingt das Klettergerüst mit Schlagzeugsticks bespielt? Wie klingt die Rutsche? Welche Töne hat die Schubkarre? Ist es am besten, alle Geräte mit Sticks zu spielen, oder kann auch mit den Händen getrommelt werden oder vielleicht auch mit einem Gummiball? Wie klingt es, wenn zwei Backförmchen oder Schaufeln gegeneinander geschlagen werden?
Die Kinder probieren verschiedene Klänge aus. Die Spielleitung hilft diese zu sortieren und teilt die Kinder in Rhythmusgruppen ein, z. B.: Klettergerüst, Schubkarre, Backformen, Rutschen.
Jede Gruppe bekommt einen bestimmten Rhythmus: Die Rutsche-Spieler spielen z. B. gleichmäßige Viertel, die Backförmchen-Spieler 1 Viertel, 2 Achtel, 1 Viertel, 2 Achtel …
Hinweis: Wichtig ist, dass alle Kinder nah beieinanderstehen und sich gut hören können. Zu große Entfernungen führen zu Zeitverzögerungen und machen den gemeinsamen Rhythmus unmöglich.

Variante

Es ist auch möglich, Rhythmen aus dem Kapitel „Begegnen!" auf dem Spielplatz umzusetzen, z. B. „Krokodil im Nil" von S. 62 oder auch das Call-&-Response-Spiel von S. 38.

Dreistimmig bei Tisch

Hier wird noch einmal ein mehrstimmiger Rhythmus aus Wortsilben gebildet. Diese Wortspielrhythmen regen dazu an, auch weiterhin zu unterschiedlichsten Themen und Situationen rhythmische Spiele zu erfinden. So kann Rhythmus auf einfachste Weise in den Alltag einfließen und Spaß machen.

Alter: ab 6 Jahren

1. Stimme

Piz - za

2. Stimme

Mett, Zwie - bel - Mett, Zwie - bel -

3. Stimme

Ra - vi - o - li aus der Do - se

Call (Solo)

Und zum Nach - tisch?

Response (alle unisono)

Ti - ra - mi - Ti - ra - mi -

Ti - ra - mi - su! Klatsch Klatsch Klatsch

Die Spielleitung führt die einzelnen Stimmen des notierten Rhythmus' nacheinander ein. Dabei singt sie mit allen Kindern jede der Stimmen einzeln, bis die Kinder in den einzelnen Stimmen sicher sind.

Dann bilden sich drei Gruppen und jede Gruppe singt eine der ersten drei Stimmen.

Nach einer Weile hebt die Spielleitung die Hand. Die Kinder registrieren das Signal, singen aber ungestört in ihrer Gruppe weiter. Die Spielleitung zählt mit einzeln ausgestreckten Fingern bis Vier. Jetzt stoppen die Kinder ihren Gesang und die Spielleitung ruft allein die 4. Zeile: *„Und zum Nachtisch?"* Alle Kinder antworten mit der 5. Zeile: *„Ti-rami, Ti-rami, Ti-ramisu!"*, klatsch, klatsch, klatsch – und steigen danach gleich wieder in ihre Stimmen ein.

Variante für ältere Kinder

Gemeinsam mit den Kindern werden weitere mehrstimmige Rhythmen erfunden. Welche weiteren Themen eignen sich? Blumen und Bäume, Tiernamen, Obstsorten, Automarken?

Zehn bunte Hühner

Nr. 14

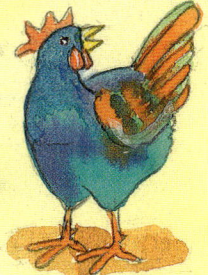

Text: M. F. Hohberger | **Musik:** M. F. Hohberger, R. Kiwit

Ein tolles Lied zum Stimmeaufwärmen. Zum Gackern und Kreischen, Singen, Stöhnen und Miauen. Das wird ein Spaß!

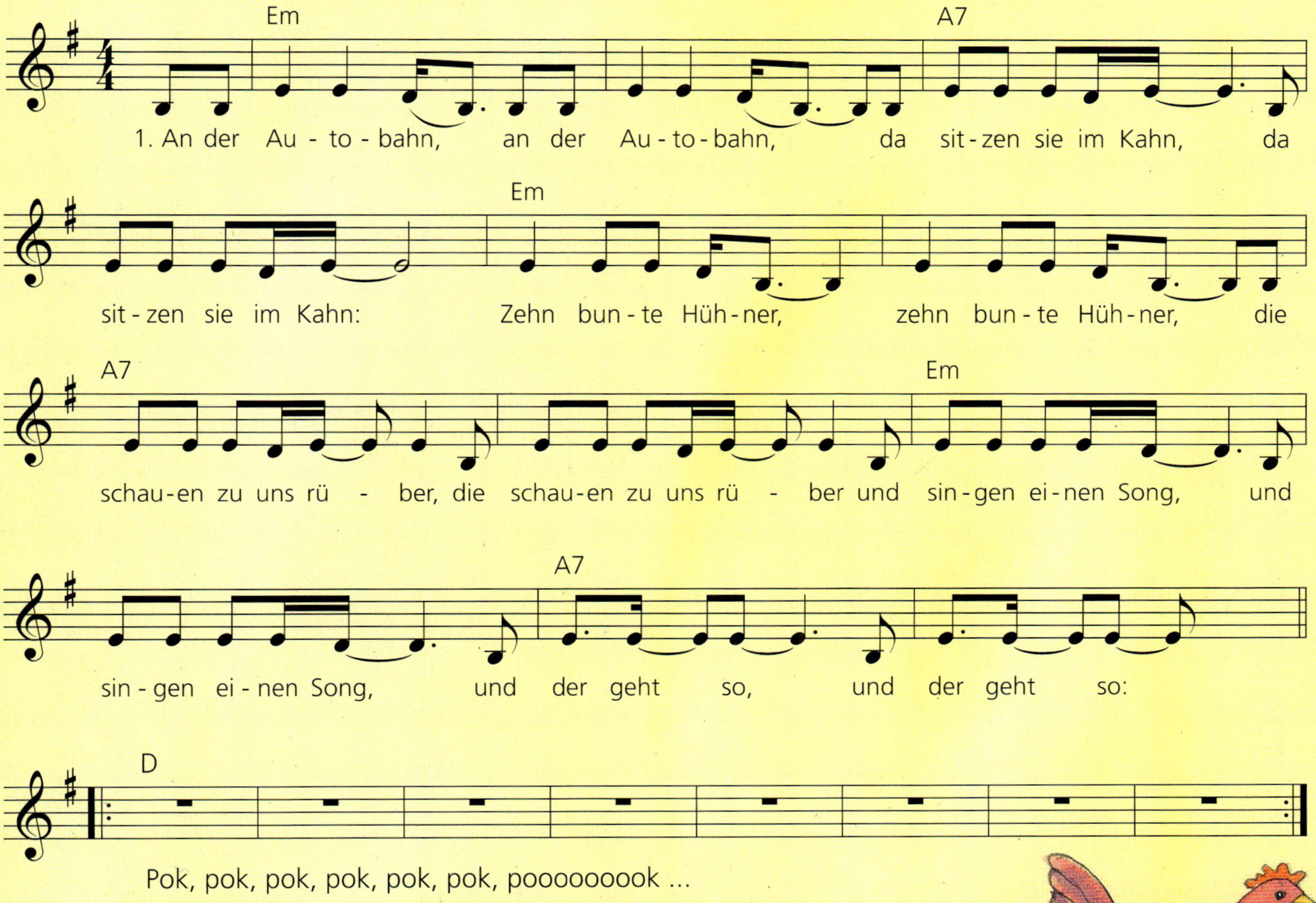
Em
A7
1. An der Au - to - bahn, an der Au - to - bahn, da sit - zen sie im Kahn, da
Em
sit - zen sie im Kahn: Zehn bun - te Hüh - ner, zehn bun - te Hüh - ner, die
A7
Em
schau - en zu uns rü - ber, die schau - en zu uns rü - ber und sin - gen ei - nen Song, und
A7
sin - gen ei - nen Song, und der geht so, und der geht so:
D
Pok, pok, pok, pok, pok, pok, poooooooook …

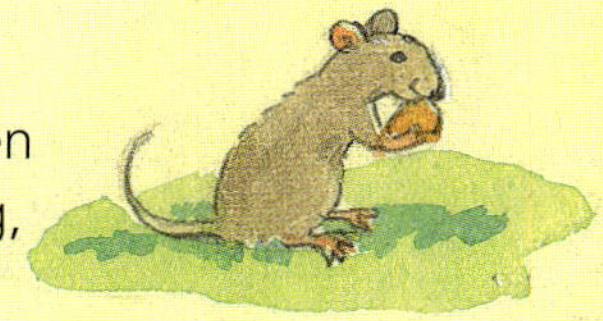

2. Im Bahnhofscafé,
da sitzen sie beim Tee:
Zehn grüne Katzen,
die lackieren sich die Tatzen
und die singen einen Song,
und der geht so:
Miau, miau, miau, miau, miau, miau, miauuuu!

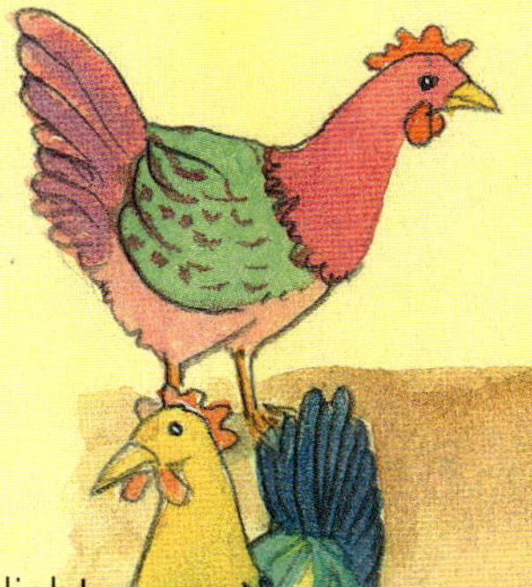

3. Auf der grünen Wiese,
da sitzt die Maus Luise
in einem Gummireifen
mit rosaroten Streifen
und sie hört gern Radio,
und ihr Song, der geht so:
Piep, piep, piep, ich hab euch alle lieb!

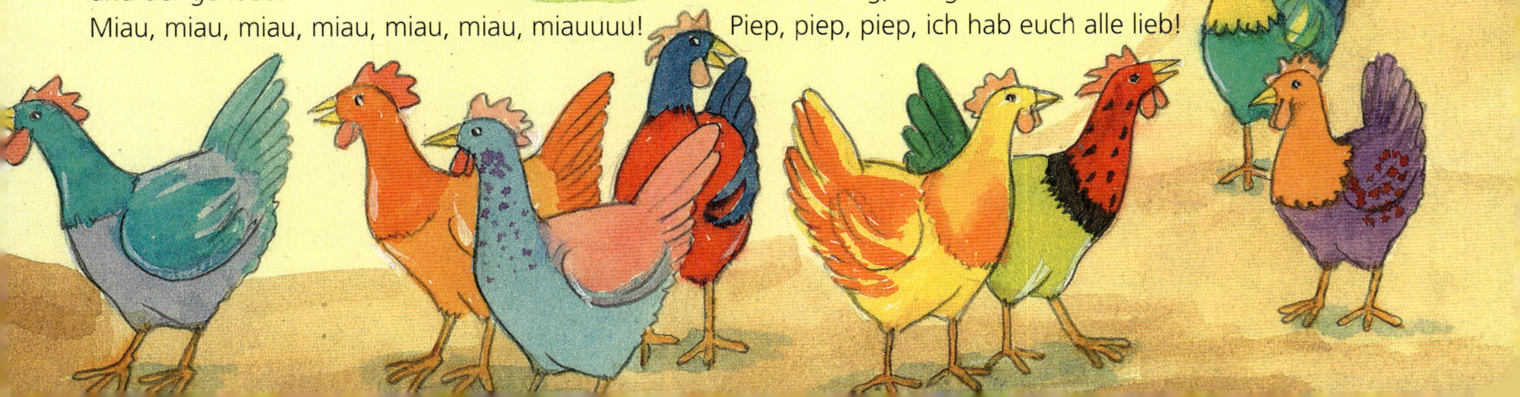

Liedbegleitung

Alter: ab 4 Jahren

Wieder ein Lied im Vorsänger-Chor Prinzip: Ein Kind singt vor: *„An der Autobahn …"* und der Chor wiederholt unisono: *„… an der Autobahn"*. Das Vorsänger-Kind singt auf diese Weise jeden Satz der Strophe vor und der Chor antwortet entsprechend.

Dann probieren die Kinder in den Rollen der Tiere ihre Stimme aus und improvisieren. Sie singen (miauen, gackern, quieken …) eine kurze improvisierte Sequenz vor und der Chor antwortet, indem er das Gehörte nachsingt: Hohe Töne, tiefe Töne, kurze rhythmische Motive oder ganz lang gezogene Töne, bis keine Luft mehr da ist, alles kann probiert werden. Je ausgelassener die Stimmung, desto besser.

Hinweis: Beide brasilianischen Rhythmen, Samba von S. 71 und Ijexá von S. 69, können hier zur Liedbegleitung eingesetzt werden, ebenso Mamboxá von S. 74 oder „Krokodil im Nil" von S. 62. Eine Gruppe von Kindern ab 7 Jahren bildet dazu die Rhythmusgruppe und die anderen Kinder singen das Lied.

nach Belieben erweitert werden. Jedes Kind sucht sich verschiedene Behälter und Füllmaterialien und experimentiert zunächst mit dem Klang. Wie klingen die unterschiedlichen Körnungen in den verschiedenen Behältern? Welche Rasseln klingen lauter, welche leiser? Welche höher, welche tiefer?

Jedes Kind entscheidet sich für eine bestimmte Hülle und eine bestimmte Körnung und baut damit seine Rassel.

Aktionsablauf

Alle Kinder treffen sich im Stuhlkreis. Nacheinander stellt jedes Kind seine Rassel vor.

Die Spielleitung teilt die Rasseln in Tonhöhen ein und bildet eine Gruppe mit hohem Klang und eine Gruppe mit tiefem Klang. Rasselgruppe 1 bekommt für die hohen Klänge die Lautierung *„Tschik"* zugeordnet, Rasselgruppe 2 für die tiefen Klänge die Lautierung *„Tschak"*.

Die Spielleitung singt mit den Kindern die verschiedenen notierten Rasselmelodien. Sobald eine Zeile steht, wird die nächste ausprobiert.

Die letzte Zeile wird von allen Rasseln zusammen gespielt und mit dem Ruf *„hey!"* schwungvoll beendet.

Die Rasselbande

Alter: ab 4 Jahren (Basteln + Experimentieren), Rhythmus ab 6 Jahren

Material: Streichholzschachteln, Filmdosen, Trinkflaschen aus Metall, verschiedene Füllmaterialien wie Streichhölzer, grober Sand, kleine Kiesel, Mais, Reis

Vorbereitung

Die Kinder basteln ihre eigenen Rasseln. Die o. g. Materialen können

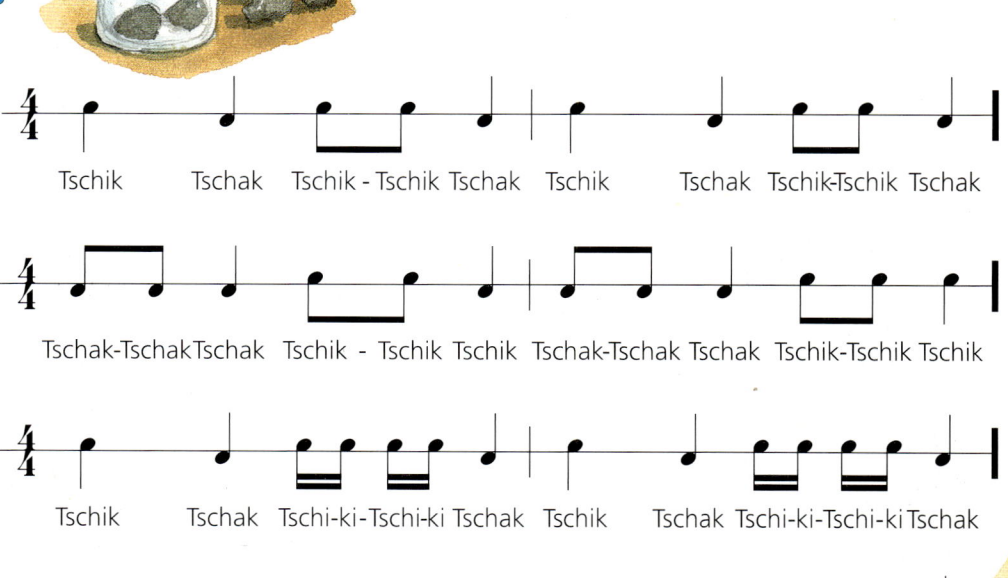

Tschik   Tschak   Tschik - Tschik Tschak   Tschik   Tschak Tschik-Tschik Tschak

Tschak-Tschak Tschak   Tschik - Tschik Tschik   Tschak-Tschak Tschak   Tschik-Tschik Tschik

Tschik   Tschak   Tschi-ki-Tschi-ki Tschak   Tschik   Tschak Tschi-ki-Tschi-ki Tschak

Tschi-gi-di-gi-di-gi-di-gi-di-gi-di-gi-di-gi-di-gi - di - gi - di - gi - di - gi - di - gi-dak!   Hey!

Rasselbandentanz

Nr. 12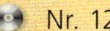

Text: M. F. Hohberger | **Musik:** M. F. Hohberger, R. Kiwit

Hier kommen die Rasseln so richtig zum Grooven.

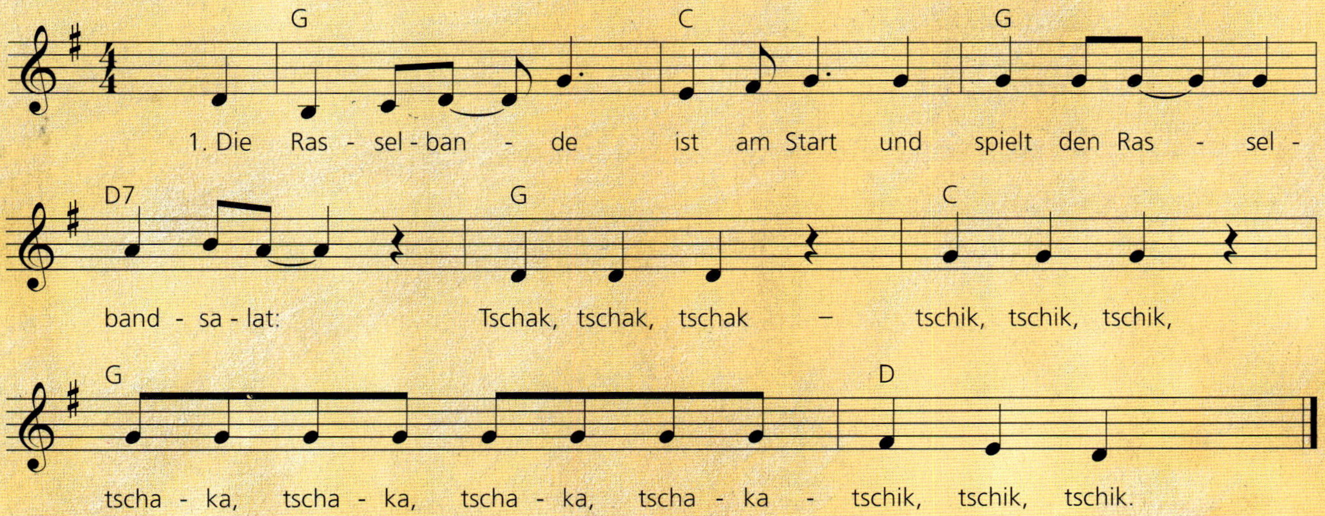

1. Die Ras - sel - ban - de ist am Start und spielt den Ras - sel - band - sa - lat: Tschak, tschak, tschak – tschik, tschik, tschik, tscha - ka, tscha - ka, tscha - ka, tscha - ka - tschik, tschik, tschik.

2. Wir schütteln unser Instrument
so lang, bis ihr den Rhythmus kennt:
Tschak, tschak, tschak – tschik, tschik, tschik,
tschaka, tschaka, tschaka, tschaka – tschik, tschik, tschik.

3. Unser Rhythmus, der geht so,
habt ihr ihn denn schon im Po?
Tschak, tschak, tschak – tschik, tschik, tschik,
tschaka, tschaka, tschaka, tschaka – tschik, tschik, tschik.

4. Jetzt wechseln wir den Rasselgroove
und ihr macht einen neuen Moove:
Tschik, tschak, tschik, tschak, tschikidiki, tschak,
tschik, tschak, tschik, tschak, tschikidiki, tschak!

Rascheln

Rollen

Knaller

Reißer

Knüller

Klatscher

Liedbegleitung & Tanz

Alter: ab 4 Jahren
Material: Rasseln (➔ S. 44)

Bei diesem Lied gibt es eine Rasselbande, das sind die Kinder, die den Rasselrhythmus spielen: Auf „*Tschak*" rasselt Gruppe 2, auf „*Tschik*" Gruppe 1 (➔ S. 44). Die Rasselkinder stehen als Gruppen im Raum oder auf der Bühne.
Dann gibt es die SängerInnen, die den Liedtext singen, und TänzerInnen, die das Lied mit Bewegungen begleiten. Auch diese stehen als Gruppen zusammen. Die Spielleitung bestimmt unterschiedliche Bewegungen für die verschiedenen Rasseltöne, z. B. bedeutet „*Tschak*" mit dem Fuß fest auf den Boden stampfen und „*Tschik*" bedeutet, die Hüfte nach rechts oder links zu bewegen. So sind die Bewegungen zum Lied:
„*Tschak, tschak, tschak*": 3 × stampfen
„*tschik, tschik, tschik*": Hüfte nach rechts – links – rechts bewegen
„*tscha-ka, tscha-ka, tschak – tschik, tschik, tschik*": 5 × stampfen, 3 × die Hüfte schwingen

Zeitungspapier-Instrumente

Zeitungen eignen sich hervorragend, um unterschiedlichste Klänge zu erzeugen.

Alter: ab 4 Jahren
Material: Zeitungen, Kreppklebeband, Scheren, Stöckchen

Die Kinder sitzen an einem Tisch, auf dem sich jede Menge Zeitungen befinden. Sie experimentieren mit den Klängen des Materials: Reißen, knüllen, rascheln … sogar ein Knallton lässt sich erzeugen, indem ein Kind mehrere Zeitungsblätter zwischen beiden Händen aufspannt und ein anderes mit der flachen Hand dagegenschlägt. Das Material ergibt schon von ganz allein einige unterschiedliche Klänge.
Die Kinder basteln folgende Zeitungspapier-Instrumente:

Rascheln: Mehrere Zeitungslagen werden zu einer ca. 30 cm langen, festen Rolle zusammengerollt. Die unteren 15 cm werden mit Kreppklebeband fixiert und bilden den Griff des Instruments. In die oberen 15 cm werden mit der Schere von oben nach unten ca. 2 cm breite Streifen geschnitten. Die Streifen fallen wie Palmenblätter nach unten und machen raschelnde Geräusche, wenn sie durch die Luft gewedelt werden.

Rollen: Mehrere Blätter Zeitungspapier werden zu einer ca. 30 cm langen Rolle zusammengerollt. Jeder Rollen-Spieler hat zwei Rollen, die durch Aneinanderschlagen einen hellen, festen Ton ergeben.

Klatscher: Hier nehmen die Kinder jeweils ein großes Blatt Zeitung zwischen ihre Hände, als wollten sie die Zeitung lesen. Mit der Zeitung in der Hand klatschen sie jetzt in die Hände.

Reißer: Die Kinder nehmen ein Zeitungsblatt und reißen immer wieder im Rhythmus ein Stück ab – fallen lassen, weiter reißen. Am besten funktionieren kurze, „knackige" Reißlaute: „*Ritsch*"! Lange Reißgeräusche ergeben viele Nebengeräusche und sind schwieriger zu handhaben.

Knaller: Hier spielen zwei Kinder zusammen: Eins hält die Zeitung in mehreren Lagen zwischen beiden Händen gespannt, das andere Kind bespielt dieses „Trommelfell" mit einem Stöckchen oder einem Stift.

Knüller: Die Knüller werden von den jüngsten Kindern gespielt. Sie sitzen auf dem Boden und knüllen langsam ein großes Stück Zeitung zusammen. Das ergibt einen durchgehenden Klangteppich.

Das Zeitungsorchester

Alter: ab 4 Jahren
Material: Zeitungs-Instrumente (→ S. 46)

Alle Kinder bekommen ein Zeitungs-Instrument und werden in die Rhythmusgruppen aufgeteilt (Raschler, Knüller, Reißer … s. o.).

Ein Kind der Gruppe wird als DirigentIn bestimmt. Das Zeitungsorchester wird auf seine Zeichen laut und leise, einzelne Instrumente setzen ein und aus. Hierfür werden verschiedene Zeichen vereinbart, z. B.:

- mit den Fingern bis Vier zählen = eine / alle Instrumentengruppen beginnen zu spielen
- Zeigefinger vor dem Mund = Stille
- Hände gehen in die Höhe = laut spielen
- Hände gehen in Richtung Boden = leise spielen

Der Dirigent muss sehr deutlich durch Körpersprache mit der jeweiligen Instrumentengruppe in Kontakt treten, die er ansprechen möchte.

Das Konzert beginnt z. B. mit einem Klangteppich der „Knüller", der sich langsam steigert. Dann raschelt es von den Raschlern kurz dazwischen, als würde eine Windböe durch den Raum geschickt. Die Reißer schicken ein paar „Risse" hinterher: *„Ritsch! Ritsch!"* Es raschelt, knistert und knallt …

Varianten

- **Kinder ab 6 Jahren** probieren folgenden mehrstimmigen Zeitungs-Groove zu spielen, der sich aus der Klangcollage heraus entwickeln kann, indem die einzelnen Instrumente der Reihe nach einsetzen.

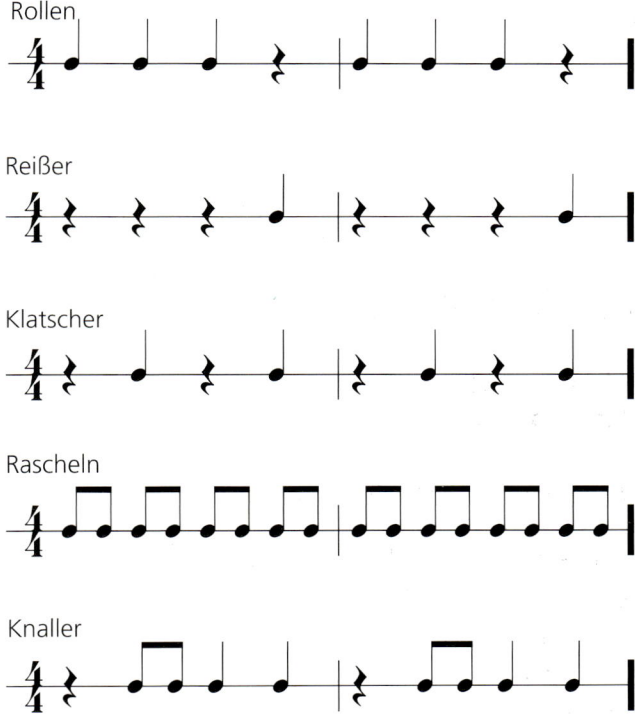

- **Für Kinder ab 8 Jahren:** Als Steigerung kommt eine zweite Rhythmusgruppe dazu, die die Rhythmen „Hände, Füße & der Po" von S. 40 dazu spielen. Mit zwei bis drei Stimmen grooven sie sich nacheinander ein.
- Der bereits eingeübte Rhythmus beginnt mit einem der auf S. 38 notierten **Call.** So können interessante und abwechslungsreiche Einstiege in den Rhythmus hergestellt werden. Um den laufenden Rhythmus auch weiterhin interessant zu gestalten,

werden die Calls auch zwischendurch als Break verwendet. Der Dirigent zählt bis Vier und der vorher vereinbarte Break wird gespielt.

Solo & Tutti

„Solo" heißt „allein", „Tutti" heißt „alle gemeinsam". Beim Solospielen heißt es für den Spieler, sich zu zeigen, etwas anderes zu spielen als die anderen. Das ist eine wichtige Übung.

Alter: ab 5 Jahren
Material: unterschiedliche Trommeln mit Schlegeln oder Sticks, die gut auf dem Boden sitzend gespielt werden können

Alle Kinder sitzen im Kreis. Jedes Kind hat eine Trommel vor sich und einen Stick oder Schlegel. Alle Kinder spielen gemeinsam einen durchgängigen Basisrhythmus, beispielsweise von S. 33.

Die Spielleitung spielt als Erste ein freies Solo auf ihrer Trommel. Sie darf dabei machen, was sie möchte. Achtung: Alle anderen TrommlerInnen im Kreis müssen gut zusammenhalten und dürfen sich nicht aus dem Rhythmus bringen lassen.

Nach einer Weile des Solierens geht die Spielleitung auf ihrem Instrument zurück in den Basisrhythmus. Jetzt ist der nächste Spieler mit dem Solospiel dran. War es schwer, nicht aus dem Rhythmus zu kommen? Wie fühlt es sich an, als Einziger etwas anderes zu machen?

Hinweis: Die Spielleitung motiviert und unterstützt jedes Kind sensibel, sodass es in jedem Fall eine persönlichkeitserweiternde Erfahrung wird. Manche Soli fallen schüchtern aus, andere laut und chaotisch. Manche Kinder möchten gar nicht mehr aufhören, während andere froh sind, wenn es schnell vorbei ist. Und alles ist richtig. Es geht zunächst nur darum, dass jedes Kind darin gefördert wird, mit seinem Instrument etwas zu sagen. Wenn das selbstverständlich und selbstbewusst geschehen kann, kann als Nächstes am Rhythmusgefühl gearbeitet werden.

Big Bäng: Ich würde gerne mal wieder das Liebeslied der Spechte spielen. Da macht es immer richtig Spaß zu Solieren.
Sara Swing: Ok., dann bin ich Frau Specht.
Bella Boom: Och nööö, du bist immer Frau Specht.
Heute will **ich** mal wieder ein schönes verliebtes Solo spielen.
El Ritmo: Bevor ihr euch jetzt länger streitet, müssen wir sowieso erst noch mal kurz in die kleine Trommelschule. Töne checken. Hände aufwärmen. Locker machen. Sonst klingt es nicht gut.

Kleine Trommelschule

Hier in der „Kleinen Trommelschule" wird die Basis der afrikanischen Spielweise, die sogenannte „Hand-to-hand-Technik", erklärt. Das braucht ein bisschen Übung, aber es muss ja nicht gleich perfekt sein. Wer auf Dauer mit Kindern trommeln will, bekommt hier einen ersten Einblick.

Alter: ab 5 Jahren
Material: 1 Djembe, Conga oder Kpanlogos pro Kind

Für den Start ist eine gute **Trommelhaltung** wichtig. Die Kinder sitzen dazu auf einem Stuhl und halten die Trommel vor sich zwischen den Beinen. Die Trommel muss den Boden berühren. Tut sie das nicht, ist es schwierig, sie immer zwischen den Beinen zu balancieren und lenkt die Kinder ab. Hier kann ein Gurt, ein starkes Tuch oder ein Band helfen. Der Gurt wird an der Trommel befestigt und dem Kind um die Hüfte gelegt und verschlossen. So können die Kinder auch mit kleinen Trommeln gut sitzen und halten sie in leicht zu bespielender Höhe.

Es gibt im Wesentlichen **vier verschiedene Töne,** die auf der Trommel erzeugt werden und mit denen sich unzählige Rhythmen spielen lassen (➜ Abb. S. 50/51):

1. Basston: Der Basston wird in der Mitte des Trommelfells gespielt und ist der tiefste Ton. Beide Hände liegen zunächst locker und auf ganz natürliche Weise in der Fellmitte. Automatisch berührt der obere Teil der Finger das Fell, der Daumen liegt ganz auf dem Fell und auch der Handballen ist mit dem Fell verbunden. Die Handfläche und der untere Teil der Finger sind vom Fell gelöst. Jetzt spielen wir die Basstöne rechts, links im Wechsel, indem die jeweilige Hand ca. 10 cm vom Fell gehoben und wieder fallen gelassen wird. Alle überflüssigen Bewegungen vermeiden. Wir wollen die Töne aus der Trommel herausholen und sie nicht in die Trommel hineinstecken. Herunterfallen tut die Hand von ganz allein. Die Energie muss in das wieder Hochnehmen der Hände gesteckt werden. Damit der Ton klingen kann, müssen die Hände das Fell wieder loslassen und ihm Raum geben.

2. Opentone: So wird der Ton genannt, der am Rand des Trommelfells erzeugt wird. Es ist ein warmer, voller Klang. Hierfür werden Zeigefinger, Mittelfinger, Ringfinger und kleiner Finger geschlossen, also so nebeneinandergelegt, dass sie sich berühren und eine Fläche bilden. Die gesamte Fläche der Finger (nicht nur die Fingerspitzen) produziert den Ton, indem sie bei jedem Schlag komplett das Fell berühren. Der Sitz des Tones ist am Rand der Trommel. Handballen und Daumen bleiben außerhalb des Trommelfells. Und wieder dran denken, die Töne aus der Trommel herauszuholen und nicht „hineinzustecken".

3. Slap: Der Slap ist ein lauter, präsenter Ton mit einem hohen Klang. Für den Slap gehen die Hände weiter in die Fellmitte als beim Opentone. Der Fingerballen ist in Kontakt mit dem Trommelrand und die Fingerspitzen „slappen" auf das Trommelfell. Wichtig ist der Kontakt mit dem Fingerballen am Trommelrand. Die Kunst liegt darin, den Schlag mit Spannung in der Hand auszuführen, die Finger aber eher locker zu lassen.

Hinweis: Der Slap braucht eine Weile des Übens, bis er regelmäßig gespielt werden kann. Zu Anfang ist er mal da, dann verschwindet er wieder. Für den Slap sind Übung und Geduld erforderlich.

Mit diesen drei Trommeltönen lassen sich schon fast alle Rhythmen spielen, immer rechts, links im Wechsel in der Hand-to-hand-Technik, ganz gleichmäßig, als würden wir laufen. LinkshänderInnen starten mit links.

4. Tip: Der Tip gewährleistet den flüssigen Ablauf des Hand-to-hand-Spiels. Nicht immer hat jede Hand einen Ton zu spielen. Damit sie aber keine Pause machen muss, „tippt" sie an der Stelle, d. h. sie markiert einen Ton, indem die Finger leicht das Fell berühren.

Erste Trommelschläge

Alter: ab 5 Jahren
Material: 1 Djembe oder Conga pro Kind

Alle Kinder sitzen mit ihren Trommeln im Kreis. Die Spielleitung erklärt die einzelnen Schläge. Zunächst den Basston. Alle Kinder suchen den Klang auf ihrer Trommel. Der Reihe nach präsentiert jedes Kind die Bässe seiner Trommel. Wer hat die tiefste Trommel? Die Kinder spielen gemeinsam nur Bässe, immer abwechselnd mit der rechten und der linken Hand. Die Spielleitung gibt ein Tempo vor, zählt ein und los geht's: rechts, links, rechts, links …

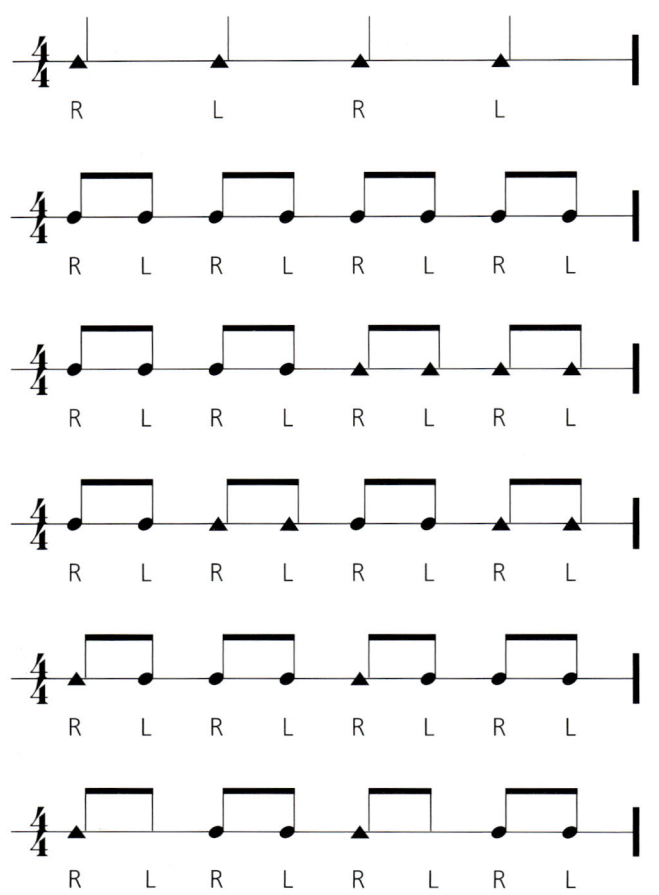

◖ = Opentone
▲ = Bass
Notenhals ohne Note = Tip

Die **erste Notenzeile** wird mit allen Tönen nacheinander probiert.
Dann werden in der **zweiten Zeile** alle Töne doppelt so schnell probiert.
Auf diese Weise werden alle Töne nacheinander eingeführt.
Nach einer Weile des Übens können in der **dritten und vierten Notenzeile** statt der Opentones mal die Slaps probiert werden.
Sind die Kinder vor allem mit Basston und Opentone einigermaßen vertraut, gibt die Spielleitung erste rhythmische Motive vor. Die **fünfte Zeile** ist z. B. der Handtrommelrhythmus zum „Liebeslied der Spechte" (s. u.). Die **sechste Zeile** ist der ultimative erste Handtrommelrhythmus, mit dem viele Lieder begleitet werden können.
Und immer dran denken: rechts, links, rechts, links – das gilt auch, wenn mit Tips gespielt wird. In der sechsten Zeile ist der Tip also auf der linken Hand.

Liebeslied der Spechte

Nr. 10

Text: M. F. Hohberger | **Musik:** M. F. Hohberger, R. Kiwit

1. Ja, im Wald, der al-ler-tolls-te Hecht, das ist ganz klar der schö-ne, bun-te Specht. Er

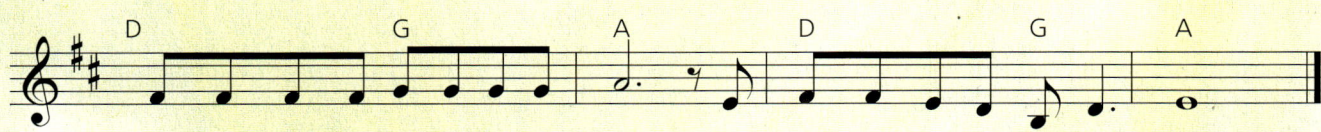

klopft den Schna-bel im-mer in den Baum und trom-melt sich ins Herz der Frau'n.

2. Die Spechtfrau sitzt im Baum in weiter Ferne:
„Ach, ich hör den tollen Specht ja so gerne!
Ob dieser Schnabel wohl auch küssen kann?
Dann hätte ich den Specht ganz gern zum Mann."

3. Die Spatzen in dem Baum nebenan
fragen sich, warum der Specht nicht zwitschern kann.
Obwohl er doch so tolle Rhythmen spielt
und Frau Specht verliebt zu ihm hinüberschielt.

4. Und trifft sich dann Frau Specht mit ihrem Hecht,
dann trommeln sie zusammen gar nicht schlecht.
Ein Trommelfeuer schallt jetzt durch den Wald
und jeder weiß: Die Spechts, die sind – verknallt!!!

Liedbegleitung

Alter: ab 5 Jahren
Material: Congas, Bongos, Djemben, Basstrommeln, Shaker, alternatives Rhythmus-Set (→ S. 6)

Handtrommeln wie Djemben, Congas, Bongos

R L R L R L R L R   Klatsch Klatsch Klatsch

Basstrommeln

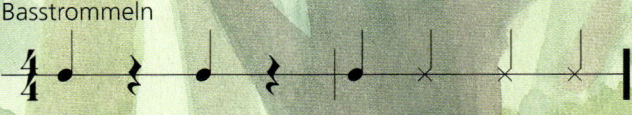

                 Klatsch   Klatsch Klatsch

Rasseln

● = Opentone ▲ = Bass

Alle Congas, Bongos und Djemben spielen die erste Zeile.
Mit dem alternativen Rhythmus-Set werden auf den Trommeln hohe Töne (Randschläge) und tiefe Töne (auf dem Pad) bestimmt und entsprechend eingesetzt.
Die Basstöne der Handtrommeln können außerdem mit Basstrommeln unterstützt werden.
Ein Shaker spielt die dritte Zeile im Achtel-Groove.

Bevor das Stück beginnt, werden zwei Kinder für die Rollen von Herrn und Frau Specht als SolistInnen ausgewählt. Die Strophen werden entweder von allen Kindern gesungen und es wird gleichzeitig getrommelt oder es gibt eine Sing- und eine Trommelgruppe. Dann geht's los.
Intro: 4 × wird der Rhythmus von allen gespielt; bei Auftritten wird das Publikum zum Mitklatschen der drei Klatscher animiert.
1. Strophe: Die 1. Strophe wird über den Rhythmus gesungen.
Solo Herr Specht: Nach der 1. Strophe spielt die Gruppe den Rhythmus weiter und darüber hören wir 4 × 4 Takte Herrn Specht, wie er auf seiner Trommel ein wunderbares Solo spielt, um Eindruck bei Frau Specht zu machen. Im Vordergrund stehen Ausdruck und Lebendigkeit.
2. Strophe: → 1. Strophe
Solo Frau Specht: Nach der 2. Strophe spielt Frau Specht ein verliebtes Solo für Herrn Specht.
3. Strophe: → 1. Strophe
Solo Herr Specht: s. o.
4. Strophe: → 1. Strophe; beim Stichwort „Wald" stoppt der Rhythmus. In die Stille hinein spricht ein Sänger: *„… und jeder weiß, die Spechts die sind …"* Es folgt ein langer, lauter Trommelwirbel, der mit einem gemeinsamen Schluss endet, und die ganze Gruppe ruft: *„VERKNALLT!!!"*

Variante

Die SolospielerInnen überlegen in einer neuen Runde, wie ihr Solo klingen soll. Mit welchem Ausdruck möchten sie es spielen? Wirbt Herr Specht eher laut und energisch um Frau Specht oder zurückhaltend und schüchtern? Wie antwortet Frau Specht? Erfreut? Verunsichert? Wie klingt „verliebt sein"?

Trommelwirbel

Ein Trommelwirbel hat die beste Wirkung, wenn er in der Stille beginnt und dann auf einen Schlag gleichzeitig stoppt, d. h. niemand klappert nach. Das muss geprobt werden.

Alter: ab 4 Jahren
Material: alle Trommeln und Rhythmusinstrumente, alternatives Rhythmus-Set (➜ S. 6)

Alle Kinder sitzen oder stehen und halten ihr Rhythmus-Instrument bereit. Alle können die Spielleitung gut sehen.
Die Spielleitung zeigt den Wirbel an, indem sie mit ihren Händen Flatterbewegungen macht. Flattern die Hände unten, ist der Wirbel leise zu hören, gehen die Arme und Hände nach oben, wird der Wirbel lauter.
Den Höhepunkt des Wirbels erreicht die Spielleitung, indem sie wild mit den Armen flattert. Das Ende zeigt sie mit einem kleinen Sprung an. ZACK – Schluss. Jetzt ist es mucksmäuschenstill.

Waldsymphonie

Als Intro zum Liebeslied der Spechte geeignet (➜ S. 51).

Alter: ab 4 Jahren
Material: alle auffindbaren Instrumente und Klangerzeuger

Die Kinder machen einen Klangspaziergang in der Natur. Dabei lauschen sie genau auf alle Klänge und Geräusche, die ihnen zu Ohren kommen.
Wieder zurück in der Einrichtung werden alle vorhandenen Instrumente auf Klänge überprüft. Welche eignen sich gut, um die gehörten Klänge im Wald zu imitieren? Weitere Klänge aus der Fantasie der Kinder bereichern die Waldsymphonie. Die zwitschernden Vögel, das Rauschen der Blätter im Herbstwind, eine Maus piepst im Unterholz etc.
Sind die Instrumente ausgewählt, zusammengestellt und verteilt, dirigiert die Spielleitung die Waldsymphonie. Es werden Zeichen für laut (Arme hoch), leise (Arme runter), einsetzen und aussetzen verabredet.
Die Symphonie beginnt aus der Stille. Vielleicht zirpt ein Grashalm, ein Frosch quakt, der Wind rauscht durch die Blätter etc. Die Klänge verdichten sich und werden intensiver. Ein Specht klopft.
Nach einer Weile setzt auf ein Zeichen der Spielleitung (4 Beats vorzählen!) der Rhythmus zum Liebeslied der Spechte ein und das Stück beginnt.
Hinweis: Auch ohne Waldbesuch lässt sich die komplette Waldsymphonie aus der Fantasie gestalten.

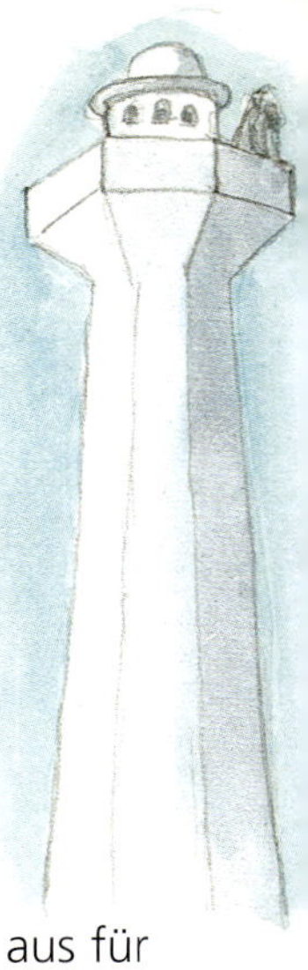

BEGEGNEN!

SPIELEN & EXPERIMENTIEREN MIT RHYTHMEN & KLÄNGEN AUS ALLER WELT

Wir haben gelernt zu hören, wir haben gelernt gemeinsam zu grooven, jetzt ist es an der Zeit, sich auf den Weg hinaus in die Welt zu wagen. Wie klingt es da?

Alle Orte klingen unterschiedlich und in der ganzen Welt sind Trommel- und Gesangstraditionen zu finden, die etwas über das Leben, die Kultur und die Religion der Menschen erzählen. Wir werfen einen Blick oder, besser gesagt, ein Ohr in alle fünf Erdteile, lernen Lieder, Rhythmen und Tänze kennen, lassen uns inspirieren und beeindrucken. An manchen Orten verweilen wir länger, an anderen kürzer, je nachdem, welche Geschichten, Lieder und Rhythmen El Ritmo und seine Bande für uns bereithalten.

Alle Lieder in diesem Kapitel erhalten durch Rhythmus und Gesang ihre Lebendigkeit und Ausstrahlung. Wer möchte, kann gerne die Gitarre oder weitere Instrumente je nach Verfügbarkeit und Fähigkeit hinzuneh-

men, aber Rhythmus und Gesang reichen oft aus für ein dynamisches Musikerlebnis.

Alle notierten Rhythmen in diesem Kapitel sind so aufbereitet und vereinfacht, dass sie nach einer Weile des Übens spielbar sind. Somit enthalten sie oft nur noch Basiselemente der Original-Rhythmen, damit Weltmusik für junge Kinder erfahrbar und spielbar wird. Rituale und Bräuche anderer Kulturen werden geachtet und wertgeschätzt, dürfen aber für die eigene musikalische Entwicklung auch an die Seite gestellt werden. Und herzlich willkommen ist die eigene Kreativität. Verändern Sie, mixen und ergänzen Sie, wie es Ihnen gefällt und vor allem, wie es für Ihre Gruppe gut spielbar ist. Im Fokus steht die Inspiration durch Rhythmen und Klänge anderer Kulturen für den eigenen lebendigen, sinnlichen und kraftvollen Ausdruck.

Reiseerinnerungen

Bella Boom: Ach, wie schön, wir tauchen ein in Reiseerinnerungen.

Sara Swing: Das ist immer wie eine Diashow. Wir spielen die Musik und alle Bilder tauchen vor unseren Augen auf.

Big Bäng: Jede Stadt, jedes Land, ja, jeder Ort der Welt klingt anders. Als Klangfänger sind wir immer mit einem Aufnahmegerät unterwegs. New York klingt anders als Berlin oder Hamburg. Schon die Polizeisirenen sind überall unterschiedlich.

Sara Swing: In einer Hafenstadt wie Hamburg gibt es Schiffshupen, insbesondere an Silvester um Mitternacht.

Bella Boom: In Thailand hört man Mönche singen. Und zum Sonnenauf- und -untergang zirpen ganz laut ganz viele Grillen. Und Tausende von Mopeds knattern durch die Städte.

Big Bäng: An der Nordsee blöken Schafe.

El Ritmo: In Neuseeland noch viel mehr.

Bella Boom: In Brasilien hört man das Pfeifen der Affen und den Gesang des Kolibris.

Big Bäng: In Jordanien ruft fünfmal täglich der Muezzin zum Gebet.

Sara Swing: In den Südtiroler Alpen klingelt der ganze Wald, denn die Kühe auf den Almen haben Glocken um den Hals.

El Ritmo: In Finnland rauschen im Winter von Hunden gezogene Schlitten durch die Wildnis. Man hört nur ihre Schritte und ihren Atem.

Sara Swing: Und im Laufe der Zeit verändern sich auch Klangbilder. Wie muss es früher in den Städten geklungen haben, als es noch keine Autos gab? Man hörte die Hufe der Pferde.

Big Bäng: Oder lautes Schreibmaschinengeklapper. Gibt es auch nicht mehr.

El Ritmo: Und auf der ganzen Welt gibt es unterschiedliche Musiktraditionen, Rhythmen und Gesänge. Bei fast allen Völkern der Erde stehen Musik und Göttliches in engem Zusammenhang.

Big Bäng: Also, wo fangen wir an? Ich bin schon ganz aufgeregt …

Klänge der Welt

Alter: ab 5 Jahren
Material: große Weltkarte, Styroporplatte, Holzleim, Stecknadeln, Streifen aus weißem Papier

Die Spielleitung klebt die Weltkarte auf eine Styroporplatte und hängt sie auf Augenhöhe der Kinder auf. Mit Stecknadeln oder anderen Pins wird zunächst der Ort gekennzeichnet, in dem wir selbst leben. Dann werden Klänge der Welt gesammelt. Klänge, die die Kinder aus der Erinnerung an eine Reise haben oder die sie mit ihrem Heimatland verbinden.

Welche Klänge und Geräusche kennt ihr? In welchen Ländern wart ihr vielleicht schon mal im Urlaub? Was habt ihr da gehört? Oder was denkt ihr, wie es woanders vielleicht klingen könnte?

Manchmal ist es nicht so einfach, sich über das Ohr zu erinnern, deshalb ruhig die Augen zu Hilfe nehmen: Was habt ihr gesehen auf eurer Reise? Und welcher Klang wird dem Gesehenen zugeordnet?

Jeder erinnerte Klang wird von den Kindern auf einen Zettel gemalt und an den jeweiligen Ort gepinnt: vom Hundebellen über das Rufen des Muezzins bis zu den unterschiedlichen Polizeisirenen – alles wird dokumentiert. Kleine Symbole reichen aus: Fahrzeug, Tier, Instrument etc.

Im weiteren Verlauf dieses Kapitels wird der jeweilige Ort auf der Karte gesucht und gekennzeichnet.

Variante für ältere Kinder: Google Earth

Google Earth ist in seiner Grundform eine kostenlose Software, die unter dieser Adresse heruntergeladen werden kann: http://earth.google.com/intl/de Sie ermöglicht es den NutzerInnen, einen virtuellen Blick auf die Erde zu werfen. Präzise Luft- und Satellitenbilder werten die Standortdaten aus, die der Nutzer in einer 3D-Darstellung ansehen kann. Mit Kindern ab dem Schulalter ist es interessant, sich verschiedene Orte anzuschauen: zunächst den ganzen Kontinent, dann näher die Städte und einzelne Orte. Für dieses Buch kann Google Earth dazu beitragen, sich ein intensiveres Bild von anderen Orten zu machen. Wo in Afrika liegt Ghana? Wie heißt die Hauptstadt? Hat Accra ein Fußballstadion? Können wir es sehen? Wie groß ist Australien? Was gibt es in der Hauptstadt für Gebäude? Können wir Hokkaido sehen oder schauen wir uns in Japan besser Tokio an? Gibt es dort Wolkenkratzer? …

Alle Orte können zunächst auf der großen Weltkarte gesucht und markiert werden und im nächsten Schritt mit Google Earth herangezoomt werden.

Das Globusspiel

Bella Boom: Lasst uns das Globusspiel machen. Einer dreht die Kugel, ein anderer schließt die Augen und tippt mit dem Finger blind auf die Kugel. Das Land oder der Kontinent, der erwischt wird, den nehmen wir, dessen Musik machen wir.

El Ritmo: Muss nur erst der alte Globus gefunden werden.

Sara Swing: Sonst nehmen wir einen Atlas. Das geht auch. Einer blättert, der andere steckt blind den Finger während des schnellen Durchblätterns zwischen die Seiten.

Bella Boom: Der Globus steht da, wo er immer steht. Da vorne ist er doch. Muss nur mal kurz abgestaubt werden. Ich möchte als Erste tippen.

El Ritmo: Ok., ich drehe … Achtung … uuuuund – zack!

Bella Boom: Afrika!

Sara Swing: Yeah, ein wunderbarer Start.

Bella Boom: Awenje nakilé mobakoni woafie.

Alle: Ye ye ye mobakoni woafie.

Sara Swing: Super, unser Lieblingslied aus Ghana. Und dazu spielen wir unseren Rhythmus „Patscha special". Los geht's!

Big Bäng: Ok., an die Trommeln – fertig – los!

Afrika

Awenje nakilé

Text & Musik: trad. aus Ghana | **Arrangement:** R. Kiwit

Nr. 16

VorsängerIn

A - wen-je na-ki-lé   mo-ba-ko-ni woa-fie.   Ye   ye ye   mo-

1. ba-ko-ni woa-fie.   2. A - ba-ko-ni woa-fie.   Mo-

ba-ko-ni woa-fie.   Mo-ba-ko-ni woa-fie.   Mo-ba-ko-ni woa-fie.   Mo-

ba-ko-ni woa fie.   Ye   ye ye   mo-ba-ko-ni woa-fie.

Ye   ye ye   mo-ba-ko-ni woa-fie.

Liedeinführung

Alter: ab 4 Jahren

Zunächst lernen die Kinder die afrikanische Sprache. Die Spielleitung spricht Wort für Wort vor, die Kinder sprechen nach. Der Text wird so ausgesprochen, wie er geschrieben wird. Frei übersetzt bedeutet der Text: *„Komm, Tante Naki, lass uns spielen!"*
Dann werden die Worte mit der Melodie verbunden: Ein Kind singt vor, alle anderen singen den Chor schön laut und lebendig. Wer traut sich, allein vorzusingen? Wenn eine neue Fantasiesprache dabei entsteht – auch prima!

Patscha special

Im Original heißt dieser Rhythmus „Kpatsha", ein traditioneller Rhythmus aus Ghana/Westafrika. Das „K" wird nicht gesprochen.

Alter: ab 7 Jahren
Material: Kpanlogos (traditionelle Trommel aus Ghana) oder Congas/Djemben, Kuhglocken, Sticks, Shekere (Kürbis mit Muschelnetz), Basstrommeln oder tiefes Tamburin/ Rahmentrommel mit Schlegeln, alternatives Rhythmus-Set (➜ S. 6); evtl. Mikrofone

Die Kinder stehen im Kreis und die Spielleitung führt den Rhythmus ein, indem alle Stimmen mithilfe der Tiernamen rhythmisch gesungen werden.
Die **Glockenstimme** kann vereinfacht werden, indem nur die ersten fünf Töne der Stimme gespielt und die letzten beiden weggelassen werden (schwarze Noten). Fortgeschrittene spielen die Originallinie (inkl. grüne Noten).
In der **Basstrommelstimme** sprechen die Kinder für die Viertelpausen ein „Nix" (➜ S. 32).
Die **Handtrommelstimme** kann für geübte „Schnell-spielerInnen" auch in 16tel-Noten gespielt werden.
Die **Rasselstimme** wird ohne Text gespielt.
Erst singen alle Kinder alle Stimmen, dann teilt die Spielleitung die Kinder in mehrere Gruppen. Es gibt „Elefantenfüße", „Nashörner" und „Erdmännchen". Wenn die Kinder ihre Stimmen singen können, übertragen sie die Lautierungen als Nächstes auf ihr Instrument. Zunächst spielt jede Stimme einzeln, dann

● = Opentone
▲ = Bass
Notenhals ohne
Note = Tip

wird eine Stimme zur nächsten hinzugefügt, bis die Gruppe gemeinsam vierstimmig spielen kann. Während die Kinder auf ihren Instrumenten spielen, singen sie trotzdem die Lautierungen weiter. Das kann ganz leise und innerlich geschehen, darf aber nicht aufhören.

Jetzt wird das **Intro** geübt. Mit dem Intro beginnt das Stück. Es ist die Einleitung für das Rhythmusensemble und kann auch als Break (➔ S. 37) zwischendurch eingezählt werden.

Können die Kinder ihre Stimmen im Ensemble sicher spielen, singen andere Chor-Kinder das Lied „Awenje nakilé" (➔ S. 58) dazu. Die Rhythmusgruppe spielt nun leise (aber nicht langsamer!) oder die SängerInnen haben Mikrofone. Das Stück endet mit dem Intro.

Musik in Afrika

Big Bäng: In Afrika hat das Trommeln ja oft eine ganz besondere Bedeutung.

Bella Boom: Ja, Musik ist in Afrika nicht nur eine Kunstform, die zur Unterhaltung und zum Spaß gespielt wird, sie ist eine Lebensform und hat ganz verschiedene Bedeutungen.

Big Bäng: Zum Beispiel?

El Ritmo: Zum Beispiel begleitet sie Tätigkeiten wie Landarbeit oder Fischfang.

Sara Swing: Mit der Musik wird Freude ausgedrückt. Freude bei Hochzeiten oder wenn ein Kind geboren wird …

Bella Boom: … oder sie unterstützt religiöse Zeremonien.

Big Bäng: Heißt das, dass in Afrika in der Kirche getrommelt wird?

El Ritmo: Ja. Und gesungen. Ein Gottesdienst gleicht dort nach unseren Maßstäben einer fröhlichen, ausgelassenen Party. Alle Anwesenden sind mit Singen, Klatschen und Tanzen beteiligt.

Sara Swing: Rhythmus gehört von Geburt an zum Leben dazu.

Bella Boom: Ja, aber es ist nicht so, dass die Menschen in Afrika damit schon zur Welt kommen. Die Menschen werden nicht damit geboren, sondern sie lernen es. Schon wenn die Kinder in Tüchern auf dem Rücken der Mutter getragen werden, sind sie sofort und direkt mit dem Rhythmus der Mutter verbunden. Mit dem Rhythmus, in dem sie läuft, singt, arbeitet.

Big Bäng: Ach so. Ja, stimmt. Ein Kinderwagen rollt nur leise vor sich hin.

Bella Boom: Lasst uns noch ein afrikanisches Lied spielen. „Fatou Ye" zum Beispiel.

Sara Swing: Ja, super! Und wir begleiten es mit einem Rhythmus vom Volk der Malinke aus Westafrika. Den nennen wir „Krokodil im Nil".

Fatou Ye

Nr. 18

Text: trad. / M. F. Hohberger **| Musik:** trad. **| Arrangement:** R. Kiwit

Fatou Ye ist ein Spiel- & Spaßlied der Kinder im Senegal. Fatou ist ein Name, der Rest des Textes hat keine konkrete Bedeutung.

Fa - tou Ye sin - ya - la - la - lu Fa - tou Ye sin - ya - la - la - lu Fa - tou

Ye sin - ya - la - la - lu Fa - tou Ye sin - ya - la - la - lu Fa - tou

fai fai Fa - tou Fa - tou ke - le - man - sin - ye Fa - tou Ye sin - ya - la - la - lu Fa - tou

fai fai Fa - tou Fa - tou ke - le - man - sin - ye Fa - tou Ye sin - ya - la - la - lu.

2. Lena tanzt sinyalalalu.
Lena tanzt sinyalalalu.
Lena tanzt sinyalalalu.
Lena tanzt sinyalalalu.
Lena tanzt die ganze Nacht,
bis die Sonne hell erwacht.
Lena tanzt sinyalalalu.
Lena tanzt die ganze Nacht,
bis die Sonne hell erwacht.
Lena tanzt sinyalalalu.

Rhythmusbegleitung: Krokodil im Nil

Alter: ab 6 Jahren
Material: Djemben, Basstrommeln, Kuhglocke, Shekere, alternatives Rhythmus-Set (→ S. 6)

Die Kinder stehen im Kreis und die Spielleitung führt den Rhythmus ein (vgl. Rhythmuseinführung „Patscha special" S. 59).
Hinweis: Die Nashorn- oder Erdmännchenstimme kann alternativ von Wassertrommeln gespielt werden (→ S. 66).

Kuhglocke

Kro - ko - dil　im Nil　Kro - ko - dil　im Nil

Basstrommel

Nas - horn　Nas - horn

Handtrommel

Erd - männ - chen im　Bau　Erd - männ - chen im　Bau

Shekere/Rassel

part　Le - o - part　Le - o - part　Le - o - part　Le - o -

Intro/Break
Call (Handtrommel)

Geht　ein　Ze - bra　im　Wald　spa - zier'n.

Response (alle)

1.　Hey!

2.　Fa - tou

● = Opentone
▲ = Bass
Notenhals ohne Note = Tip

Liedbegleitung & Tanz

Alter: ab 4 Jahren

Es gibt die TrommlerInnen, SängerInnen und TänzerInnen. Alle stehen bzw. sitzen in Gruppen im Halbkreis, die TänzerInnen stehen bei den SängerInnen. Die TrommlerInnen starten mit dem Intro und spielen dann den Rhythmus.

Ist die Rhythmusgruppe sicher im gemeinsamen Spiel, setzt auf ein Zeichen der Spielleitung der Chor ein und singt das Lied zum Rhythmus, schön laut und lebendig. Erst in der afrikanischen Version, direkt danach in der deutschen.

Das Kind, dessen Name gesungen wird, kommt in den Kreis und tanzt ein frei improvisiertes Solo, jedes so, wie es möchte. Alles ist richtig. Die SängerInnen feuern den Tänzer durch Klatschen und Rufe an. In jeder Runde kommt ein neuer Tänzer in die Mitte.

Auf ein Zeichen der Spielleitung spielen die TrommlerInnen wieder das Intro und der Ablauf beginnt von vorn. Das ganze Spiel dauert so lange wie die SpielerInnen, SängerInnen und TänzerInnen möchten. Als Letztes wird das Intro gespielt und das Stück endet mit einem lebendigen „HEY"!!!

Hinweis: Sollte es zu schwierig sein, dass alle Instrumentengruppen gleichzeitig mit dem Rhythmus starten, setzen nach dem Intro alle Instrumentengruppen einzeln ein: Als Erstes spielen die Basstrommeln und alle anderen Instrumentengruppen werden nacheinander von der Spielleitung eingezählt.

Trommeln in Afrika

El Ritmo: Statt „Nas-horn" kann man natürlich auch „Lö-we" sagen.

Sara Swing: Oder „Ze-bra".

Big Bäng: Oder „Nil-pferd". Das Land Mali bedeutet übrigens übersetzt „Nilpferd". Und die Hauptstadt heißt Bamako, und das heißt übersetzt „Krokodilsteich".

Big Bäng: Wie ist das denn jetzt noch mal mit den Trommeln in Afrika – da gibt's so viele, ich hab ziemlich den Überblick verloren …

El Ritmo: In Ghana ist die am häufigsten anzutreffende Trommel die **Kpanlogo**.

Bella Boom: Das „K" wird auch hier nicht gesprochen. Man spricht also „Panlogo".

El Ritmo: Im Senegal gibt es die **Djemben**. Und dazu passen **Basstrommeln** und **Glocken**.

Bella Boom: Die Basstrommeln heißen Dununba, Sangban und Kenkeni.

Sara Swing: Und es gibt Wassertrommeln!

Big Bäng: Und Sprechtrommeln! Und wisst ihr noch, wie der eine Trommellehrer zu uns sagte: Die Trommel ist das einfachste Instrument, das Gott erschaffen hat, da muss man erstmal einen Ton rauskriegen. Auf dem Klavier gibt es beispielsweise gleich 88 Töne! Die sind alle sofort da. Auf der Trommel müssen wir sie erst suchen.

Bella Boom: Ein traditioneller afrikanischer Trommler kann ganz viel Töne auf seiner Trommel spielen und kennt richtig viele Rhythmen und Tänze. Er beherrscht sein Instrument perfekt. Er übt viele Jahre und muss sich alles im Kopf merken und auswendig können, denn die Rhythmen und Techniken werden in Afrika nicht aufgeschrieben, sondern von Generation zu Generation mündlich weitergegeben.

El Ritmo: Gut, dass wir alles aufgenommen und aufgeschrieben haben, sonst wüssten wir es heute nicht mehr.

Sara Swing: In Afrika werden die Rhythmen über Nachspielen oder das Nachsprechen von Silbenfolgen gelernt.

El Ritmo: Die Handtrommellinie von unserem „Krokodil im Nil"-Rhythmus klingt dann so: Dum-dibi-dum-ta.

Big Bäng: Das heißt, wenn ich jetzt singe: *„Du-ba-du-ba-di-bi-di-bi-du-ba"* oder: *„Dum-dum-di-bi-di-bi-dum"*, dann kann ein Trommler das in Afrika nachspielen?

El Ritmo: Genau!

Big Bäng: Wahnsinn!

Basstrommel

Kpanlogo

Wassertrommel

Glocke

Djembe

Gesang & Trommel-Echospiel

Alter: ab 6 Jahren
Material: alternatives Rhythmus-Set (➜ S. 6); evtl. Djemben

Die Kinder sitzen im Kreis und haben die Trommeln mit Sticks aus dem alternativen Rhythmus-Set vor sich. Gemeinsam mit der Spielleitung finden sie heraus, welche Klänge sie zur Verfügung haben:

- Der Schlag auf das „Trommelfell" bekommt die dunkle Silbe *„dum"*.
- Der Schlag am Rand der Trommel bekommt die hellen Silben *„di"* und *„bi"*.
- Das Aneinanderschlagen der Sticks bekommt die Silbe *„da"*.

Dum Di Dum Da

Dum Di - bi Dum Da

Dum Da Dum Da   Dum Da   Di - bi - di - bi

Die Spielleitung spricht die verschiedenen Varianten vor und die Kinder setzen den Rhythmus mit den verschiedenen Tönen als Echo auf ihren Instrumenten um.

Dann übernehmen die Kinder die Rolle der Vorspieler. Gemeinsam denken sie sich neue Echo-Spiele aus.

Variante

Stehen Handtrommeln zur Verfügung, werden die Trommeltöne mit den Händen gespielt: *„dum"* = Bass, *„di" / „bi"* = Opentone, *„da"* = Slap (➜ „Kleine Trommelschule" S. 48).

Dji Dunun – Wassertrommel

Die Dji Dunun ist eine Wassertrommel. Sie wird von afrikanischen Frauen gespielt und besteht aus zwei Schalen, genauer gesagt: aus zwei Kalebassen, einer größeren und einer kleineren. Die große Kalebasse ist halb mit Wasser gefüllt und die kleinere wird mit der Öffnung nach unten in die Wasserschale gelegt (➜ Abb.). Mit Schlegeln auf der Kalebasse gespielt, ertönen nun wunderbare Trommelklänge.

Alter: ab 4 Jahren
Material: viele Glas-, Metall- und Plastikschalen in unterschiedlichen Größen, 2 Rundhölzer (20 cm lang, 10 mm Ø) pro Kind, dickes Haushaltsgummi

Vorbereitung

Eine große Schale aus Metall oder Glas wird halb mit Wasser gefüllt.

Die zweite Schale ist aus Plastik und wird umgedreht in die Wasserschale gegeben, sodass sie darin schwimmt.

Die Rundhölzer werden an einem Ende mit einem dicken Haushaltsgummi umwickelt, um den effektivsten Klang zu erreichen.

Aktionsablauf

Jedes Kind bekommt eine Wassertrommel und zwei Schlegel. Die Kinder experimentieren mit der ungewohnten Trommel. Wie viel Wasser ist optimal? Welche Schalen klingen höher, welche tiefer?

Die Kinder setzen sich mit ihren Instrumenten in einen Kreis und sortieren sich aufsteigend vom tiefsten Wassertrommel-Klang bis zum höchsten. So geben sie ein improvisiertes Wassertrommel-Konzert.

Wassertrommel-Rhythmus

Alter: ab 6 Jahren
Material: 1 Wassertrommel pro Kind (s. o.)

Jedes Kind testet den Klang seiner Wassertrommel und sucht sich ein Partnerkind mit einem höheren oder tieferen Klang. Mithilfe der Spielleitung üben die Kinder verschiedene Rhythmen, z. B. „Hände, Füße & der Po" (➜ S. 40), die Frage- und Antwortspiele von S. 38 oder die Rasselbande (➜ S. 44).

Varianten
- Beim Rhythmus „Krokodil im Nil" (➜ S. 62) kann die „Nashorn"-Stimme oder die „Erdmännchen"-Stimme auf Wassertrommeln gespielt werden.
- Bei einem Ausflug ins Schwimmbad oder im Sommer an den See stellen sich die Kinder bis zur Hüfte ins Wasser und klatschen im Takt mit der flachen Hand auf das Wasser. So entstehen echte Wassergrooves – und dazu noch ein Liedchen singen …

Südamerika

A, B und C: eine verbindende Geschichte

El Ritmo: Bevor wir mit unserem Globusspiel weitermachen, bin ich der Meinung: Wer „A" sagt, muss auch „B" sagen. „B" wie Brasilien. Da gibt es nämlich eine Geschichte, die die afrikanische und die brasilianische Musik gemeinsam haben.

Bella Boom: Und wo liegt Brasilien? Zeig noch mal den Globus.

El Ritmo: Hier, in Südamerika.

Big Bäng: Dann muss man aber auch „C" sagen. Denn Cuba gehört auch mit zu dieser Geschichte.

Sara Swing: Stimmt. Sagen wir also „A", „B" und „C". Wer fängt an?

Bella Boom: Ok., ich starte. Die Musik in Brasilien und Cuba ist stark beeinflusst von der afrikanischen Musik. Das liegt daran, dass über mehr als 250 Jahre – vom Beginn des 17. bis zum Ende des 19. Jahrhunderts – Millionen Menschen aus Afrika als Sklaven nach Amerika verkauft wurden. Auf diese Weise kamen Afrikaner aus Nigeria vom Volk der Yoruba nach Cuba und Brasilien.

Big Bäng: Ihnen wurde alles weggenommen. Sie hatten nichts mehr und wurden menschenunwürdig behandelt.

Sara Swing: Genau! Das Einzige, was ihnen blieb, war ihre Religion. Ihr Glaube an die Götter und die Rhythmen und Lieder, durch die sie mit ihnen in Kontakt treten konnten. Das mussten sie ganz heimlich machen, denn wenn sie erwischt wurden, wurden sie bestraft.

Big Bäng: Lasst uns „Ijexá" spielen. Den Rhythmus für Oxum, der Göttin der Flüsse und Wasserfälle, der Schönheit, der Liebe und des Reichtums.

Bella Boom: „Ixejá" erreicht aber auch andere Götter und hat Einzug in moderne brasilianische Popmusik gehalten.

El Ritmo: In den Zeremonien sind die Rhythmen und die Trommeln heilig und es dürfen nur ganz bestimmte Trommelmeister die Rhythmen spielen.

Sara Swing: Wir hingegen machen mit den Rhythmen einfach nur Musik.

El Ritmo: Und wo wir schon mal in Brasilien sind, müssen wir unbedingt noch Samba spielen. Um, dois, três, quatro …

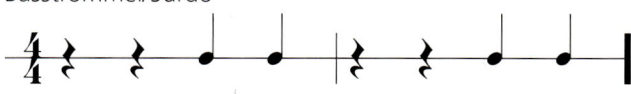

Ijexá

⊙ Nr. 20

Dieser brasilianische Rhythmus spricht sich „Ische-scha"!

Alter: ab 6 Jahren
Material: Surdos, Timba oder andere Hand-trommeln, Agogo, Shekere/Shaker, alternatives Rhythmus-Set (➜ S. 6)

Die Surdos sind das Herz der brasilianischen Musik. Sie werden mit Schlegeln gespielt. Rechtshänder ha-ben den Schlegel in der rechten Hand. Mit der linken Hand werden die beiden notierten Pausen gespielt, indem die Hand dafür das Fell berührt, ohne einen Klang zu erzeugen.
Wenn die Surdo stabil gespielt wird, kann als Nächs-tes die Timba einsetzen. Dann die Agogo und zuletzt die Shekere bzw. der Shaker.

Basstrommel/Surdo

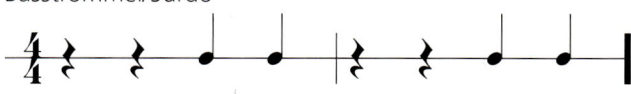

Djembe/Conga

Agogo

Shekere/Shaker/Rassel

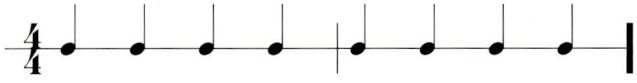

Mit dem Rhythmus Ijexá können viele Lieder begleitet werden, z. B. „Ganz Ohr" von S. 18 oder mal ein deutsches Volkslied wie „Der Kuckuck und der Esel" oder die „Vogelhochzeit". Sie bekommen eine ganz neue Lebendigkeit – und schon entsteht wieder ein Stück Weltmusik!

Hinweis: Bei der Anschaffung von brasilianischem Equipment sind die **Surdos** die wichtigsten Instrumente. Alles andere lässt sich häufig auch aus bestehendem Repertoire der Einrichtung oder privat zusammenstellen. Als **Caixa** kann eine einfache Snaredrum vom Schlagzeug genutzt werden, als **Timba** können auch Djemben, Congas oder Kpanlogos gespielt werden, als **Agogo** kann auf die Flaschen aus dem alternativen Rhythmus-Set zurückgegriffen werden. Und für den **Shaker** tut's wieder die „Rasselbande" (➜ S. 44).

Sambinha – kleine Samba Nr. 22

Alter: ab 6 Jahren
Material: Surdos, Djembe/Conga, Agogo, Tamburin, Shekere/Shaker, alternatives Rhythmus-Set (➜ S. 6); evtl. Snaredrum

Basstrommel (Surdos)

Handtrommel (Conga/Djembe)

R L R L R L R L   R L R L R L R L

Agogo

Tamburin

Shaker/Snaredrum

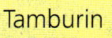 = Opentone
▲ = Bass
Notenhals ohne Note = Tip

Jedes Kind, das die Basstrommel-Stimme spielt, bekommt zwei Surdos oder andere Basstrommeln: eine mit hohem und eine mit tiefem Klang. In jeder Hand hält es einen Schlegel. Die Noten über der Notenlinie werden auf der höheren, die darunter notierten auf der tieferen Basstrommel gespielt.

Der Shaker spielt durch gleichmäßiges Schütteln durchgängige Achtel. Nach einer Weile des Übens kann der Rhythmus durch die notierten Akzente erweitert werden.

Fortgeschrittene SpielerInnen nehmen die Snaredrum mit dazu. Auch sie spielt wie der Shaker durchgehende Achtel, so leise, wie es geht, und betont die notierten Akzente. Agogo und Tamburin spielen die notierten „Sambamelodien".

Hinweise:

- Mit dieser Samba kann wunderbar der Refrain vom Begrüßungslied (➜ S. 36) begleitet werden, die Strophen von „Ganz Ohr" (➜ S. 18) oder „Zehn bunte Hühner" (➜ S. 43).
- Es ist wichtig, dass alle Instrumentengruppen immer mit den Basstrommeln verbunden sind. Niemand darf allein spielen, jeder muss wissen, wie die eigene Stimme mit den Surdos, also mit dem „Herz" der Musik zusammengehört. Nur so kann der Rhythmus zusammenhalten.

Claves

Bongos

Cajon

Karibische Trommelfamilie

Sara Swing: Südamerika ist ja wirklich ganz schön groß. Kleine Preisfrage: Wie viele Länder hat Südamerika?

Big Bäng: Och, Sara. Was du immer wissen willst. Ich sage mal zehn.

Sara Swing: Fast. Es sind 13 und die heißen: Brasilien, Paraguay, Uruguay, Argentinien, Chile, Bolivien, Peru, Ecuador, Kolumbien, Venezuela, Guyana, Suriname und Französisch Guyana.

El Ritmo: Und bei so vielen Ländern gibt es auch verschiedene Musiken. In Argentinien wird z. B. Tango gespielt und getanzt.

Big Bäng: In Kolumbien spielen sie Cumbia.

Bella Boom: Und aus Peru kommt das **Cajon**. Die berühmte Holzkiste, auf der man sitzen und trommeln kann. Die entstand übrigens auch in der Sklavenzeit. Die Sklaven haben Transportkisten für Fische oder Orangen als Trommeln verwendet, denn ihre Trommeln wurden ihnen ja weggenommen. Heute werden Cajons professionell gebaut und als Musikinstrumente im Handel verkauft.

El Ritmo: Und es gibt **Bongos, Congas, Maracas** und **Claves** und die Rhythmen heißen Rumba, Mambo, Cha-Cha-Cha usw.

Bella Boom: Da haben wir noch ein schönes Lied, einfach nur zum Spaß, zum Tanzen und zum Fröhlichsein.

Un poquito cantas

Nr. 24

Text: trad. / M. F. Hohberger | **Musik:** trad. Südamerika | **Arrangement:** R. Kiwit

Ein Lied, das schon viel um die Welt gereist ist und bereits mit ganz unterschiedlichen Rhythmen und Arrangements zu hören ist.

Strophe

1. Un po-qui-to can-tas, un po-qui-to bai-las,
un po-qui-to le-lo-la, co-mo un ca-na-ri-o.

Refrain

Le-lo-la, le-lo-la, le-lo-le-lo, le-lo-la,
le-lo-la, le-lo-la, co-mo un ca-na-ri-o.

2. Mal ein bisschen tanzen
und ein bisschen singen
und ein bisschen le-lo-la,
ja, das macht uns großen Spaß!

Refrain: Le-lo-la ...

3. Mal ein bisschen drehen
und ein bisschen springen ...

Refrain: Le-lo-la ...

4. Den Po ein bisschen schütteln
und die Hüfte schwingen ...

Refrain: Le-lo-la ...

Rhythmusbegleitung: Mamboxá

Ein Mix aus karibischem Mambo und afrobrasiliani-schem Ijexá (➜ S. 69)!

Alter: ab 8 Jahren
Material: Maracas, Claves, Bongos, Basstrommeln, vorhandene Instrumente, alternatives Rhythmus-Set (➜ S. 6)

Surdo

Bongos

Handtrommel

R L R L R L R L   R L R L R L R L

Glocke/Holzblock

Maracas/Rasseln

2/3 Clave

Alle notierten Stimmen dieses Rhythmus' werden nacheinander eingeübt und dann im mehrstimmigen Ensemble gespielt. Es beginnt die Basstrommel. Sie hat die Basisstimme. Alle anderen Stimmen kommen in frei gewählter Reihenfolge nacheinander dazu. Bei der Glocke oder Holzblockstimme spielen ungeübte SpielerInnen nur die schwarzen Noten und haben den Rest der Notenzeile Pause. Fortgeschrittenere spielen schwarze und grüne Noten.

Fortgeschrittene SpielerInnen **ab 9 Jahren** können die ²⁄₃-Clave spielen.
Hinweis: In diesem Rhythmus finden sich einige Stimmen aus anderen afrikanischen und brasiliani-schen Rhythmen wieder. Die Surdo-Stimme ist die gleiche wie im Ijexá. Die Bongostimme ist auch die gleiche wie die Handtrommelstimme im Ijexá. Da Bongos aus zwei Trommeln bestehen, wird der hohe Ton auf der hohen und der tiefe auf der tiefen Bongo gespielt. Die Handtrommelstimme ist die gleiche wie im „Krokodil im Nil"-Rhythmus, nur dass die Takte vertauscht sind.

Varianten

• **Für jüngere Kinder** wählt die Spielleitung ein-zelne Stimmen zur Liedbegleitung aus, z.B. die Stimme der Maracas und der Bongos. Sie allein ge-ben dem Lied schon einen schwungvollen Rhyth-mus. Oder es spielen die Handtrommeln den „ulti-mativen Handtrommelrhythmus" von S. 50 und die Maracas und die Basstrommeln sind mit dabei. Die Stimmen, die für die Gruppe gut spielbar sind, sind die richtigen.
• Statt dem „Mamboxá" wird das Lied mit dem Samba-Rhythmus von S. 71 begleitet oder mit dem afrikanischen Rhythmus: „Krokodil im Nil" (➜ S. 62). So erhält das gleiche Lied unterschiedliche Atmo-sphären. Was fühlt sich am stimmigsten an?
• Mit „Mamboxá" können geübte SpielerInnen wie-derum auch das „Liebeslied der Spechte" (➜ S. 51) begleiten oder den „Rasselbandentanz" (➜ S. 45) oder … Es lohnt sich, alle möglichen Varianten aus-zuprobieren!

Tanz zum Lied

Alter: ab 4 Jahren

Während ein Teil der Gruppe den Rhythmus spielt, singen die jüngeren Kinder das Lied und tanzen dazu. Die Kinder stehen verteilt im Raum, sodass sie genug Platz für Bewegung haben. In den Strophen machen sie die beschriebenen Bewegungen: Drehen, springen, mit den Hüften kreisen etc. *„Ein bisschen le-lo-la"* ist Ausdruck für gute Laune: Hier winken die Hände nach rechts und nach links.

Im Refrain sucht sich jedes Kind einen Partner. Die Kinder fassen sich an den Händen und tanzen und hüpfen im Kreis.

El Ritmo: Ok., ich drehe … Achtuuunng … uiiiiii – ans Ende der Welt! Du bist in Australien gelandet, Sara.
Big Bäng: Super!

Bella Boom: So, jetzt können wir aber langsam mal wieder den Globus drehen und einen neuen Ort besuchen. Sara, leihst du uns deinen Finger zum Tippen?
Sara Swing: Klar, gerne.

Australien

Instrumente in Australien

El Ritmo: Sara, was polterst du denn so. So ein Lärm. Und alles staubt.

Sara Swing: Ich suche die australischen Instrumente.

Big Bäng: Die von den Originals?

Bella Boom: ABORIGINES! Falls du die Ureinwohner Australiens meinst.

Sara Swing: Ja, ich weiß genau, dass wir sie haben. Eine Kiste mit Didgeridoos, Clapsticks und Schwirrhölzern. Die haben wir alle selbst gebaut.

El Ritmo: Stimmt, und dann haben wir uns das Lied mit den Wombats ausgedacht. Das war ein Kanon. Ich suche mal in der Australienschublade. Ha! Hier haben wir doch schon alles. Das traditionelle und berühmteste Instrument der Australier: das **Didgeridoo.** Es besteht aus einem ausgehöhlten Stück Eukalyptusholz.

Big Bäng: Und die Aushöhlung wird von Termiten gemacht. Das sind Insekten, die sich gern von totem Holz ernähren. Da brauchen sich die Menschen gar nicht drum zu kümmern.

Sara Swing: Häufig spielen sie dazu noch einen Rhythmus mit ihren **Clapsticks,** das sind wunderschön bemalte und verzierte Schlaghölzer.

Bella Boom: Und sie haben **Schwirrhölzer** – die brummen so toll vor sich hin …

Clapsticks

Alter: ab 4 Jahren
Material: Besenstiele, Säge, Schleifpapier, wasserfeste Stifte, buntes Klebeband; evtl. Lötkolben, Papier und Stifte

Die Besenstiele werden mithilfe der Spielleitung in 20 cm lange Stücke gesägt (➜ Abb.).
Mit einem Stück Schleifpapier schleifen die Kinder die Kanten der Schnittstellen nach.
Als Nächstes verzieren die Kinder ihr Instrument. Sie malen Muster mit wasserfesten Stiften darauf, verzieren es mit buntem Klebeband oder „bemalen" es mit einem Lötkolben – alles frei nach Fantasie.

Variante: Dot-Painting

Die Spielleitung schaut sich mit den Kindern zur Ideengebung australische Kunst und deren spezifische Muster in Büchern oder im Internet an. Eine bestimmte Form der australischen Kunst ist das sogenannte „Dot-Painting". Hier werden Bilder durch Formen und Linien gestaltet, die sich durch das Aneinanderreihen von Punkten ergeben (➜ Abb.). Die Kinder denken sich ein beliebiges kleines Motiv aus und zeichnen es mit durchgehenden Strichen auf ein Blatt Papier. Daneben zeichnen sie das Motiv noch einmal, diesmal nur mit Punkten. Dies übertragen sie auf ihre Clapsticks.

Clip-Clap-Clapsticks

Die Clapsticks geben den Beat an, den Grundrhythmus.

Alter: ab 4 Jahren
Material: 1 Paar Clapsticks pro Kind (s. o.)

Alle Kinder sitzen im Kreis auf dem Boden. Jedes Kind hat zwei Clapsticks, in jeder Hand einen.
Die Kinder probieren verschiedene Klangmöglichkeiten aus: Aneinanderklicken der Clapsticks, auf den Boden schlagen mit den Sticks, vorsichtig auf die eigenen Oberschenkel, mit den eigenen Sticks an die Sticks des Nachbarn schlagen, die Sticks über den Boden rollen, gegeneinander reiben etc.
Die Spielleitung schlägt einen einfachen Grundrhythmus vor. Hierfür werden die Sticks abwechselnd auf den Boden und aneinander geschlagen.
Wer erfindet einen neuen Rhythmus?

Variante für ältere Kinder

Die Kinder spielen regelmäßige Achtelnoten, indem sie die Sticks wieder abwechselnd auf den Boden und gegeneinander schlagen. Mit diesem Rhythmus begleiten sie das Lied „Emu, Wombat, Kakadu" (➜ S. 82).

Das Schwirrgerät

Die Aborigines setzen ihre oft reich bemalten und mit Schnitzereien versehenen Schwirrgeräte auch zur rituellen Kommunikation und in Zeremonien ein. Es ist ein flaches Stück Holz, das an einer Schnur im Kreis geschwungen wird und klingt wie ein brummendes Insekt.

Alter: ab 5 Jahren
Material: Holzleisten (oder Holzstücke, ca. 15 cm lang, 2 cm breit, 5 mm dick), Handbohrer, Paketschnur; evtl. Säge

Die Holzleisten werden in die o. a. Maße gesägt (➜ Abb.).
Mit dem Handbohrer werden sechs bis acht Löcher durch das Holz gebohrt und zusätzlich ein Loch zum Befestigen der Schnur.
Ist die Schnur festgeknotet, kann das Schwirrholz über dem Kopf geschwungen werden. Achtung! Immer gut aufpassen, dass genügend Platz zum Schwingen da ist!

Didgeridoos

Alter: ab 6 Jahren
Material: Kunststoffrohr aus dem Baumarkt
(32 mm Ø x 1,8 mm Dicke, 1 m lang, mit
Vorrichtung zur Rohrverbindung), bunte
selbstklebende Folie, Scheren

Didgeridoo bauen

Diese Kunststoffrohre sind in jedem Baumarkt erhältlich und auch gleich spielbereit, da die Vorrichtung
zur Rohrverbindung als Mundstück dient.
Die Kinder verzieren ihr Didgeridoo mit Klebefolie, indem sie es in einer Farbe komplett bekleben.
Aus anderen Folienfarben schneiden sie unterschiedliche Formen aus und kleben sie zur Verzierung auf –
nach eigenen Ideen oder inspiriert durch Bilder, z. B.
aus dem Internet, von australischen Didgeridoos
(➜ auch Abb.).

Didgeridoo spielen

Wie bei jedem anderen Blasinstrument muss auch
beim Didgeridoo die Luft im Instrument zum Schwingen gebracht werden. Die Luft ist schon da – es muss
also nicht hineingepustet werden, sondern die Lippen
werden zum Vibrieren gebracht.
Hierfür machen die Kinder eine Vorübung: Die Spielleitung fordert sie auf, die Lippen und den Mund zu
entspannen und leicht durch die locker geschlossenen Lippen auszuatmen. Es soll ein Ton entstehen, als
wollten die Kinder ein schnaubendes Pferd imitieren
oder einen Pups.
Sie probieren das Gleiche mit ihrem Didgeridoo: Sie
setzen es so an den Mund, dass es um die Lippen herum abschließt. Jetzt machen sie „das Pferd". Die Lippen kitzeln und kribbeln beim Absetzen.
Es muss eine Weile probiert und experimentiert werden, bis ein Gefühl für die nötige Spannung entsteht.

Hinweis: Sollte das Erlernen des Instruments zu schwierig sein, ist es sinnvoll, sich für ein paar Stunden einen erfahrenen Lehrer einzuladen und sich den Grundton zeigen zu lassen – einfach die örtliche Musikschule fragen oder im Internet schauen.

Im Kreis atmen

Ein guter Didgeridoospieler, der schon lange geübt hat, beherrscht die Zirkularatmung. Das bedeutet, dass er parallel mit der Nase einatmen und durch das Instrument ausatmen kann, sodass der Ton nie absetzt, sondern sogar stundenlang klingen kann. Das ist sehr schwierig und erfordert lange Zeit der Übung. Hier ein Spiel, das die Zirkularatmung durch „Teamatmung" löst.

Alter: ab 6 Jahren
Material: 1 Didgeridoo pro Kind (s. o.)

Die Kinder sitzen mit ihren Instrumenten im Kreis. Ein Kind spielt einen Ton und versucht ihn so lange wie möglich zu halten. Wenn sein linker Nachbar bemerkt, dass ihm gleich die Puste ausgeht, beginnt dieser sein Instrument zu spielen. So gleitet der Ton von SpielerIn zu SpielerIn und klingt endlos fort.

Songlines

Sara Swing: Erinnert ihr euch? Australien ist in Lieder aufgeteilt.
Big Bäng: Wie – „in Lieder"?!
Sara Swing: Die Australier, genauer genommen die Ureinwohner Australiens, also die Aborigines, die erschließen sich ihr Land durch sogenannte Songlines, das heißt auf Deutsch „Liedlinien". Im ganzen Land gibt es Wege, auf denen bestimmte Lieder gesungen werden. Sie beschreiben den Weg und enthalten Namen von verschiedenen Orten.
Big Bäng: Haben die in Australien keine Navs?
Sara Swing: Doch, die modernen Menschen bestimmt. Die Geschichte mit den Songlines ist ja vor langer Zeit entstanden und sie dient tatsächlich zur Navigation. Durch das Singen der Lieder in der richtigen Abfolge konnten die Ureinwohner sich auf Reisen zurechtfinden. Es sind sozusagen unsichtbare Landkarten, die nur von eingeweihten Ureinwohnern gelesen und verstanden werden. Sie enthalten Beschreibungen des Landes und sind Orientierungshilfen.
Bella Boom: Und auf dem Weg durch Australien begegnen einem viele tolle Tiere.
Sara Swing: Kängurus und Koalabären …
Bella Boom: … Emus, Wombats und der Kakadu …
Big Bäng: Der Kakadu ist ein Vogel.
Sara Swing: Der Emu auch. Aber einer, der nicht fliegen kann. Ein sogenannter Laufvogel. Sieht ein bisschen aus wie ein Strauß.
El Ritmo: Und die Wombats sind Säugetiere. Sie sehen ein bisschen aus wie kleine Bären, leben in Höhlen und fressen Pflanzen.
Sara Swing: Und die sind so süß.
Big Bäng: Wir haben ihnen allen ein Lied gewidmet.

Emu, Wombat, Kakadu

Nr. 26

Text: M. F. Hohberger | **Musik:** M. F. Hohberger, R. Kiwit

1. C　　G　　2. C　　G　　3. C　　G　　4. C　　G

E - mu, Wom - bat, Ka - ka - du, Ko - a - la - bär und Kän - gu - ru

C　　G　　C　　G　　C　　G　　C　　G

spie - len gern Did - ge - ri - doo und pfei - fen auf dem Eu - ka - lyp - tus - blatt — u.

Liedbegleitung

Alter: ab 4 Jahren
Material: Geräuscherzeuger für Naturklänge (Schwirrgerät ➜ S. 79, Oceandrum, Regenmacher, Tierstimmen), Didgeridoos (➜ S. 80), Clapsticks (➜ S. 79); evtl. Gitarre / Klavier

Einige Kinder bilden mit den Geräuscherzeugern einen Klangteppich. Dieser baut sich leise auf, indem zunächst ein Kind ein Instrument erklingen lässt, dann kommen andere mit ihren Instrumenten nacheinander hinzu.

Die Klangatmosphäre verdichtet sich und erhält Spannung, indem die Spielleitung laut und leise, mehr und weniger dirigiert.
Jetzt beginnen die Didgeridoos. Ihre Klänge tönen über den Geräuschteppich.
Die Clapsticks werden eingezählt und spielen gleichmäßige Achtelnoten, dazu abwechselnd auf den Boden klicken und gegeneinander, ganz leicht und nicht zu laut (➜ S. 79).
Falls vorhanden, setzt als Nächstes das Harmonieinstrument ein (Gitarre, Klavier). Dazu singen die Kinder einstimmig das Lied.

Am Ende klingt das Stück so aus, wie es begonnen hat: Die SängerInnen verstummen mit dem Harmonieinstrument, die Clapsticks setzen aus, der Klangteppich wird leiser … leiser … noch leiser … Stille.

Kanon-Variante ab 6 Jahren

Wenn alle Kinder die Melodie sicher können, teilt die Spielleitung sie in zwei Gruppen auf. Die erste Gruppe beginnt und die zweite Gruppe erhält ihren Einsatz nach den ersten beiden Takten (➜ rote Zahlen „1." + „2.").

Wenn der Kanon mit zwei Stimmen gut läuft, teilt die Spielleitung die Kinder in vier Stimmen: Jede Gruppe setzt nach einem Takt ein (➜ blaue Zahlen „1."–„4."). Am Ende zählt die Spielleitung jede Gruppe nacheinander aus, so steht der Satz *„und pfeifen auf dem Eukalyptusblatt"* als viermaliges Echo im Raum.

Big Bäng: Übrigens: Das Eukalyptusblatt ist wirklich ein Instrument der Aborigines. Die Musiker führen ein Eukalyptusblatt an den Mund und durch Luftstöße werden Töne erzeugt. Vor ein paar Jahren hat ein Mann bei „Australien sucht das Supertalent" den 2. Platz gemacht, weil er so gut auf dem Eukalyptusblatt Musik gemacht hat. Der hat ganze Lieder und komplizierteste Melodien damit gepfiffen. Er heißt Herb Patten.

Bella Boom: Ich kann grad mal auf einem Grashalm pfeifen.

Sara Swing: So, was haben wir noch Schönes in der Australienkiste?

Bella Boom: Ich finde, das reicht erstmal. Lass uns lieber den Globus drehen und noch woanders hin.

El Ritmo: Ok., ich drehe wieder.

Big Bäng: Und ich stoppe. Ups, wo sind wir denn jetzt gelandet?

El Ritmo: In Amerika!

Sara Swing: Aber da waren wir doch schon.

El Ritmo: Ja, in Südamerika. Jetzt sind wir in Nordamerika – und das ist ganz was anderes.

Big Bäng: In Nordamerika leben die Indianer.

Bella Boom: Und die Cowboys.

Sara Swing: Gibt's die noch?

El Ritmo: Ja, die gibt es noch. Aber nicht mehr viele. Eher siehst du einen im Westernfilm als im echten Leben.

Big Bäng: Aber Indianer gibt es noch. Wisst ihr nicht mehr? Wir waren bei einem Powwow und haben gesungen, getrommelt und getanzt.

Sara Swing: Ja, stimmt. Ein Powwow ist ein Treffen, um gemeinsam zu tanzen, zu singen und die indianischen Kulturen zu ehren. Sein Zweck besteht darin, Körper, Geist und Seele durch Rituale, Lieder, Speisen und Gebete zu stärken.

Eli Ritmo: Dabei sitzen TrommlerInnen um eine große Trommel und schlagen zusammen einen Rhythmus, während sie traditionelle Lieder singen.

Big Bäng: Die Trommel gilt als „Herz" des Powwows und ihr dumpfer Schlag steht für den „Herzschlag" der Welt.

Nordamerika

Kuate

Nr. 28

Text: trad. / M. F. Hohberger I **Musik:** trad. aus Nordamerika I **Arrangement:** R. Kiwit

„Kuate" ist ein traditionelles Lied und ein Sonnentanz der nordamerikanischen Indianer. Es besingt die Verbindung zwischen Sonne und Mensch. Es ist ein Dank an die Sonne, die alles Leben erst ermöglicht.

Strophe

Em · D · Fism · Em

1. Ku-a-te   le-no le-no   ma-ho-te   hay ya no, hay ya no,   hay ya no.

D · Fism · Em

2. Im Son-nen-licht   strahlt mein Ge-sicht,   komm, tanz mit mir im Licht der   Son-ne!

Refrain

D · Fism · Em

Hay ya hay ya ho   Hay ya hay ya ho   komm, tanz mit mir im Licht   der Son-ne!

Rhythmus-Begleitung

Alter: ab 5 Jahren
Material: großer runder Tisch, 1 Mousepad und
2 Sticks pro Kind, Gewebeklebeband; evtl.
Schellenkranz, Glöckchenbänder (s. u.)

Die Kinder befestigen die Mousepads ringsum am äußeren Rand der Tischplatte mit Klebebandschlaufen.
So entsteht eine Riesen-Tischtrommel.
Alle Kinder stehen mit zwei Sticks darum herum. Die
Spielleitung spielt den folgenden einfachen Indianer-Groove in gleichmäßigen Achteln vor, wobei sie jede
Eins ein bisschen lauter betont: **eins**, zwei, drei, vier,
eins, zwei, drei, vier …

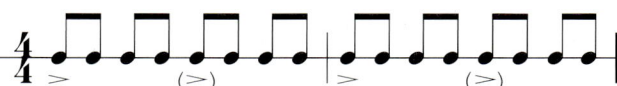

Die Kinder hören einen Moment zu und auf ein Zeichen der Spielleitung steigen alle mit ein. Gemeinsam
wird der Rhythmus gespielt, alle in einem Tempo, immer abwechselnd rechts/links. Da es sich um einen
gleichbleibenden, fast mantraähnlichen Rhythmus
handelt, ist geduldiges, konzentriertes Hören hier
sehr wichtig.
Hinweis: Der Rhythmus kann natürlich auch mit allen
anderen vorhandenen Trommeln gespielt werden.

Varianten

- Sind die Kinder bei dem leichten Rhythmus sicher,
  wird der Abstand bis zur nächsten Eins vergrößert,
  d. h. es folgen sieben unbetonte Schläge auf die
  betonte Eins: **eins**, zwei, drei, vier, fünf, sechs, sieben, acht, **eins**, zwei, drei, vier, fünf, sechs, sieben,
  acht …
- Ein Kind betont jede Eins mit einem Schellenkranz.
- Einige Kinder haben Glöckchenbänder an den Füßen und stampfen zusätzlich bei jeder Eins.

Glöckchenbänder flechten

Alter: ab 4 Jahren
Material: viele Stoffstreifen, Zackenschere, Glöckchen mit 1–2 cm Ø (Kurzwarenladen, Spielwaren- oder Musikladen)

Jedes Kind bekommt drei Stoffstreifen, ca. 5 cm breit und 30 cm lang.
Diese werden der Länge nach nebeneinander gelegt und an einem Ende zusammengeknotet.
Um einen besseren Halt zum Flechten zu haben, wird die verknotete Seite z. B. an einem Türgriff oder Stuhlbein befestigt.
Die Kinder flechten daraus einen Zopf und fädeln dabei alle 3–5 cm ein Glöckchen auf eins der drei Flechtbänder.
Am Ende wird ein Knoten gemacht und das andere Ende von Stuhl- oder Tischbein gelöst – fertig.
Das Glöckchenband wird um den Fußknöchel gewickelt und vorsichtig verknotet.

Liedablauf mit Tanz

Alter: ab 4 Jahren
Material: Instrumente und Geräuscherzeuger aller Art, Riesen-Tischtrommel (➜ S. 85), Glöckchenbänder (s. o.), gelbe/orangefarbene Chiffontücher

Die Kinder teilen sich in vier Gruppen: Eine Gruppe gestaltet ein Klangbild, eine andere trommelt einen Rhythmus, eine singt, eine tanzt.
Die **Klangbild-Gruppe** gestaltet einen musikalischen Sonnenaufgang. Als Einstieg in das Lied erklingt der Sonnenaufgang von S. 24 („Die Sonne klingt"). Ganz leise beginnen die Sonneninstrumente, bis die Sonne „tönt".
Dann setzt die **Trommelgruppe** mit dem Indianer-Groove (➜ S. 85) ein. Leise mischt sie sich in die Klangatmosphäre, bis sie gut zu hören ist und das Klangbild im Hintergrund weiterläuft.
Alle **TänzerInnen** haben sich mit Glöckchenbändern an den Fußgelenken ganz klein in einer Reihe an den Bühnenrand oder an einen entsprechenden Platz im Raum nebeneinander auf den Boden gekauert. Jedes Kind hat in jeder Hand ein zusammengeknülltes sonnenfarbenes Chiffontuch. Während der leisen Trommelklänge lassen sie die Sonne aufgehen, indem sie ganz langsam aufstehen und die Tücher sich wie Sonnenstrahlen in ihren Händen entfalten lassen.
Als Nächstes setzt der Gesang ein. Kraftvoll singen die **SängerInnen** das Lied.
Der Satz: *„Komm, tanz mit mir im Licht der Sonne"* ist für den ersten **Tänzer** das Zeichen, mit seinem Tanz zu beginnen. Zum Rhythmus der Trommel tritt er in die Mitte und tanzt seinen Sonnentanz, frei und improvisiert. Die TrommlerInnen spielen ihren Rhythmus immer weiter.
Auf ein Zeichen der Spielleitung singen die SängerInnen das Lied erneut. Erklingt der Satz: *„Komm, tanz mit mir …"*, fordert der erste Tänzer einen zweiten zum Mittanzen auf. Jetzt zeigen sie zu zweit ihren Sonnentanz.
Das Lied wiederholt sich, bis alle TänzerInnen auf der Tanzfläche sind, und endet dann mit einem schönen Trommelwirbel (➜ S. 53).

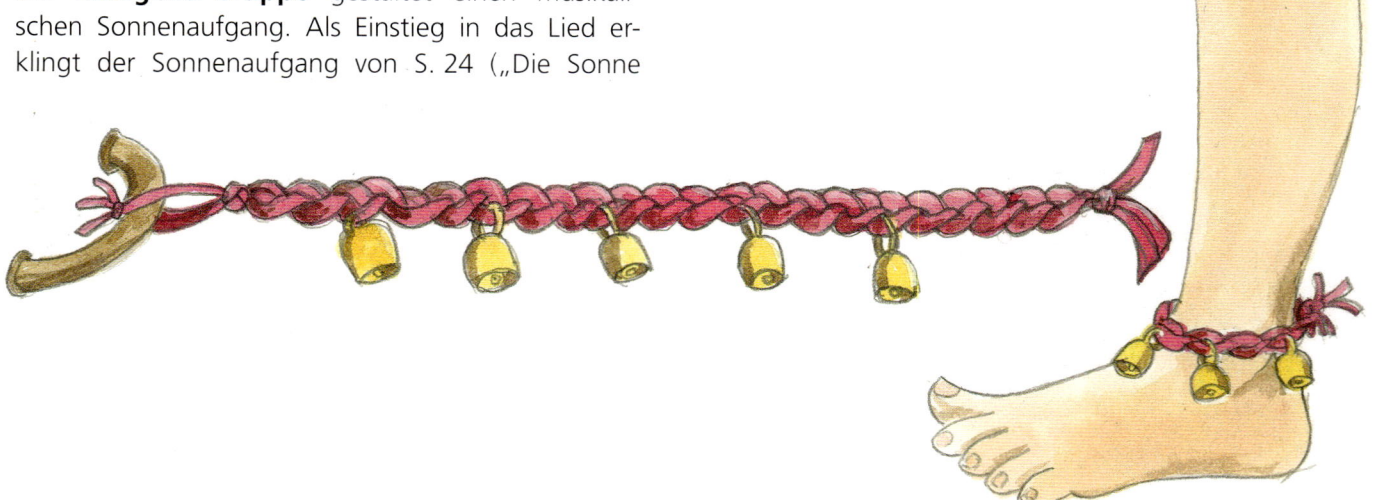

Let's go to New York

El Ritmo: Wo wir uns aber gerade in Amerika befinden, sollten wir auch noch ein Ohr in moderne Zeiten werfen.

Big Bäng: Yeah! Let's go to New York and play some Hip-Hop.

El Ritmo: Dafür brauchen wir einen richtig coolen Groove.

Bella Boom: Zum Hip-Hop gehören vier Elemente: Graffiti, Breakdance, DJing und Rap.

Big Bäng: Djing????

Sara Swing: „DJ" ist die Abkürzung für „Discjockey". Das sind die Leute, die in der Disko Platten auflegen. Der Plattenspieler ist ihr Instrument. Durch perkussives Einsetzen von Scratches, Cuts und Beat-Juggling beeinflussen sie die Musik, indem sie mit dem Crossfader scratchen und cutten.

Big Bäng: Ok., ok., danke. Ist schon gut. So genau brauche ich es doch nicht. Ich habe verstanden: DJ's machen Musik mit Musik, oder?

Sara Swing: Richtig! Und die Geschichte sagt, dass Hip-Hop in New York in der Bronx seine Wurzeln hat. Hier haben sich Jugendliche in den Rap-Texten, mit den Graffitis oder dem Breakdance kreativ ausgedrückt, ihr Leben beschrieben und Kraft aus ihrer Kunst gezogen.

Big Bäng: Heute kann man als Tourist in der Bronx in New York einen sogenannten Soundwalk buchen. Bekannte Rapper der Szene führen die Leute durch den Stadtteil und erzählen die Entstehung des Hip-Hop.

El Ritmo: Aber auch hier in Europa und speziell in Deutschland gibt es längst sehr berühmte Rapper.

Sara Swing: Bushido z. B.

Big Bäng: Oder Fettes Brot.

El Ritmo: Und hier kommt unser Rap. One-two-three-four …

Fantasie-Rap

Text: M. F. Hohberger **| Musik:** M. F. Hohberger, R. Kiwit

Refrain

Hu-ha-hey, mit Fan-ta-sie bin ich ein-fach al-les in der Ga-la-xie, bei Tag, bei Nacht, im Son-nen-schein, ja, wa-rum nicht al-les sein? al-les sein?

Strophe

1. Hey, lie-be Leu-te, das ist ja 'n Ding, grad noch Lan-ge-wei-le, und plötz-lich macht es: pling! Der

Gro-schen ist ge-fal-len und ich hab's ka-piert: Wie das Le-ben oh-ne Lan-ge - wei-le funk-tio-niert! 2. Ein

biss-chen den-ken und ein biss-chen träu-men, schon fängt es an in mir zu schäu-men und

aus 'ner klei-nen Sei-fen-bla-se ent-puppt sich – zack – ein di-cker, fet-ter Ha-se!

Refrain (2 ×): Huhahey, mit Fantasie …

3. Heute bin ich Butterbrot
oder lieber Rosenrot?
Ach, wie wär's mit Elefant
oder Spieglein an der Wand?

4. Morgen bin ich Blumenstrauß
und danach 'ne kleine Maus.
Dann Rockstar mit 'nem Mikrofon,
da sing ich schrill mit hohem Ton.

Refrain (2 ×): Huhahey, mit Fantasie …

5. Schleicht sich Langeweile ein,
werd ich schnell zum Warzenschwein.
Dann kann ich auf allen Vieren
grinsend durch die Stadt marschieren.

6. Alles zu sein ist leicht wie Zauberei,
Hokus, Pokus, Fidibus und – zack – bist du ein Ei
oder gar ein Orcawal,
ja, riesig groß, Mensch – genial!

Hinweis: Die Strophen werden frei auf den Rhythmus gerappt; die <u>unterstrichenen Silben</u> geben Hinweise zur Betonung. Ein Freestyle-Beispiel ist auf der CD zu hören (💿 Nr. 30).

Rhythmus-Begleitung: Funky Groove

Alter: ab 5 Jahren
Material: Rhythmusinstrumente oder alternatives Rhythmus-Set (➜ S. 6), Sticks

Die Spielleitung zeigt den Kindern die drei Rhythmusstimmen zunächst mit Bodypercussion. *Boom* = patschen auf die Oberschenkel, *tschak* = in die Hände klatschen.
Dann wird der Rhythmus auf Instrumenten gespielt. *Boom* = mit den Sticks auf das Trommelfell, *Tschak* = Sticks aneinander schlagen. Die drei Notenbeispiele sind unterschiedlich im Schwierigkeitsgrad. Der Rhythmus, der für die Gruppe am besten passt, wird auf Instrumente übertragen.
Die SängerInnen (s. u.) – und bei Auftritten auch gern das Publikum – klatschen auf die Zählzeiten Zwei und Vier in die Hände (4. Zeile). Ein Shaker spielt durchgängige Achtelnoten (5. Zeile).

Hinweis: Bei den Funky Grooves ist die Zählzeit Zwei und Vier immer gleich, d. h. die hohen Töne verändern sich nicht. Sie bleiben, wo sie sind, aber die Basstöne darum herum können variieren und sich neu platzieren. So entstehen neue „Funky Grooves" – einfach ausprobieren!

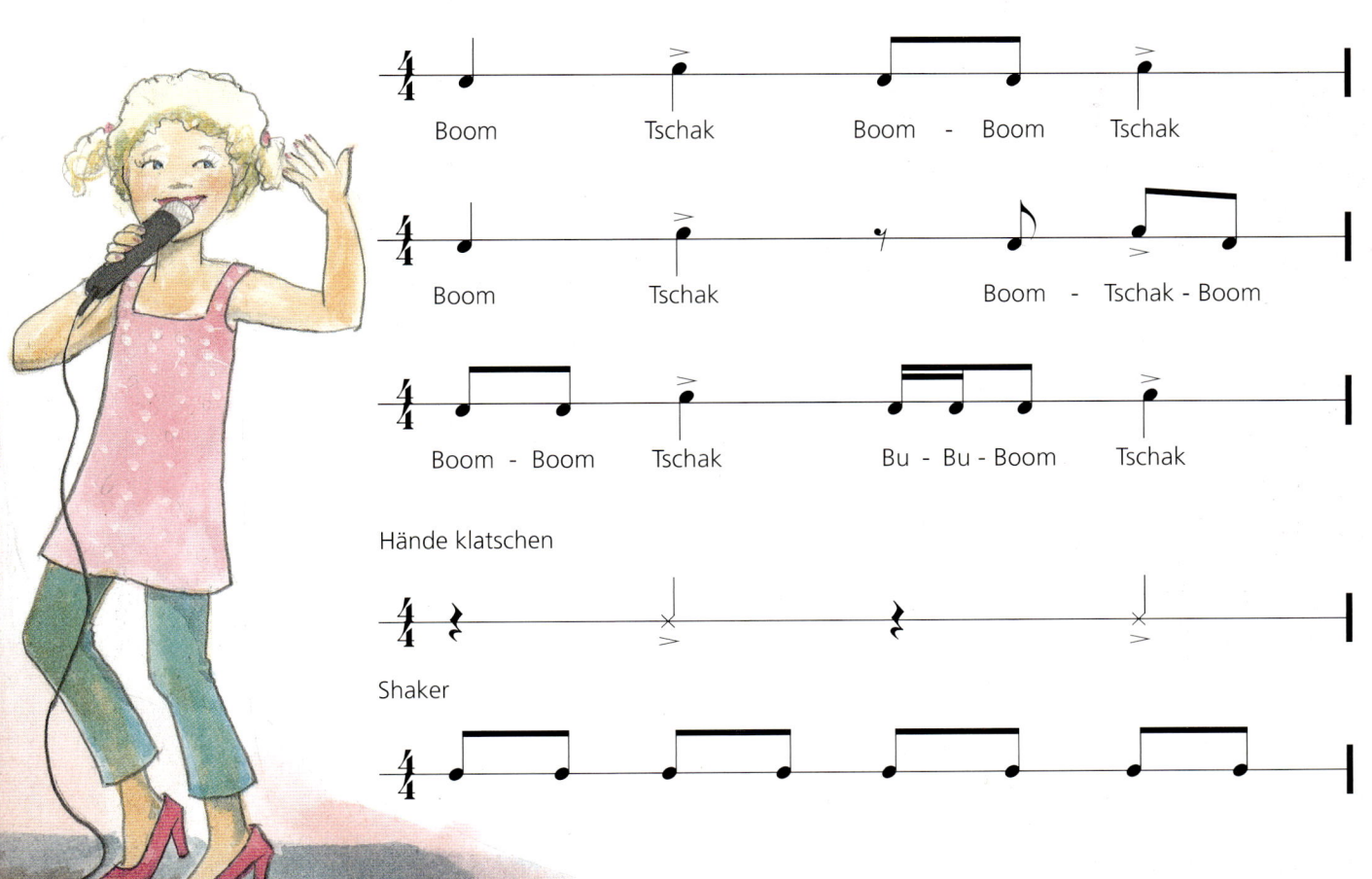

Boom — Tschak — Boom - Boom — Tschak

Boom — Tschak — Boom - Tschak - Boom

Boom - Boom — Tschak — Bu - Bu - Boom — Tschak

Hände klatschen

Shaker

Liedbegleitung

Alter: ab 5 Jahren
Material: Rhythmusinstrumente oder alternatives Rhythmus-Set (➔ S. 6), Sticks, 1–2 Mikrofone (evtl. auf Stativen)

Die Kinder teilen sich in zwei Gruppen. Die eine Gruppe spielt den „Funky Groove" während der Strophen, die anderen Kinder sind die RapperInnen am Mikrofon. Dafür wird der Liedtext aufgeteilt: Entweder singen verschiedene Kinder je eine Strophe oder der Text wird Satz für Satz auf mehrere Kinder verteilt, dann sind mind. zwei Mikrofone auf Stativen nötig, da die Kinder schnell wechseln müssen.
Die Spielleitung übt zunächst mit den Kindern den Text und das rhythmische Sprechen.
Dann werden Text und Rhythmus zusammengefügt. Die Rhythmusgruppe darf nur so laut sein, dass die RapperInnen noch gut zu hören sind – trotz Mikrofonen!
Der Refrain wird nur mit Shakern begleitet. Der Funky Groove startet direkt wieder auf der folgenden Eins. Nach zwei Takten startet der nächste Rapper mit seiner Strophe.

Einen Rap schreiben

Alter: ab 8 Jahren
Material: Stifte, Papier, Reimlexikon

Gemeinsam mit der Spielleitung entscheiden sich die Kinder zunächst für ein Thema. Was bewegt die Kinder? Um welche Inhalte sollen sich ihre Texte drehen? Ist das Thema gefunden, schreibt jedes Kind für sich alles auf, was ihm dazu einfällt. Am besten ohne Nachdenken. Einfach losschreiben, ob es wichtig oder unwichtig, brauchbar oder unbrauchbar ist, ist zunächst völlig egal. Den Stift einfach gar nicht absetzen und lieber ein paar Wiederholungen notieren, als zu pausieren und ins Grübeln zu verfallen.
Die Kinder tragen sich die Ergebnisse gegenseitig vor. Nichts wird bewertet, alles darf sein. Jetzt werden in kleinen Gruppen á drei Kinder erste Sätze und Reime

geschrieben. Die Gruppe einigt sich auf einen Startsatz, dann bildet sie neue Sätze aus dem Inhaltsrepertoire der vorangegangenen Übung. Auch hier ist es wichtig, nicht zu viel zu grübeln, lieber „labern und labern". Die Sätze mit dem „Ja! Das nehmen wir!"-Effekt werden aufgeschrieben. Das Reimlexikon hilft beim Reime bilden – es geht aber auch prima ohne Reime!
Auch der Groove hilft beim Schreiben. Die Kinder entscheiden sich für einen Groove von S. 89. Ein oder zwei Kinder der Kleingruppe deuten ihn durch Singen, Spielen auf dem Tisch oder mit Bodypercussion an, während das dritte den Text dazu rappt. Reihum probieren die Kinder zwischendurch immer wieder aus, ihre ersten Sätze zum Groove zu rappen. Die Spielleitung unterstützt beim Bilden der musikalischen Form.
Zum Schluss tragen sich die Gruppen ihre Ergebnisse gegenseitig vor.

Schablonen-Graffiti

Natürlich können die Kinder nicht mit Sprühdosen um die Häuser ziehen, aber sie können sich von den Graffiti-KünstlerInnen etwas abgucken und zwei verschiedene Methoden ausprobieren, die eine tolle Wirkung haben. Die erste Methode ist das Schablonen-Graffiti.

Alter: ab 5 Jahren
Material: leichte Pappe, Scheren, DIN-A3-Malpapier, feine Blumenspritze, Gouachefarben (Künstlerbedarf); evtl. Schablonenvorlagen aus Haushalt, Werkstatt und Natur

Die Kinder sitzen am Tisch und überlegen, welches Motiv sie sprühen möchten. Zum Probieren fertigen sie Schablonen an, indem sie je nach Alter und Fähigkeiten z. B. ein Herz oder einen Stern, evtl. aber auch schon komplexere Motive auf die leichte Pappe zeichnen und ausschneiden.
Diese Schablonen nehmen sie mit nach draußen auf die Wiese und legen sie dort auf einen DIN-A3-Bogen.

Die Gouachefarbe wird in eine Blumenspritze gegeben und so verdünnt, dass sie gut sprühbar und nicht zu wässrig wird, also vorsichtig mit Wasser mischen und testen.

Die Kinder sprayen mit der Blumenspritze Farbe über das mit den Schablonen vorbereitete Motiv. Trocknen lassen, Schablonen entfernen – fertig ist das Schablonen-Graffiti!

Varianten

- Auch fertige Schablonenvorlagen aus Haushalt und Natur sind verwertbar: Blätter, Äste, Nudeln … Die Kinder experimentieren und inspirieren sich gegenseitig. Nachmachen ist ausdrücklich erwünscht!
- Aus den Plakaten können tolle Ankündigungen für den nächsten Waldausflug (mit Blätter- und Ast-Schablonen) oder das Sommerfest (mit Sonnen-Schablone) entstehen …

Typo-Style

Die klassischen Graffitis sind die sogenannten Typo-Styles. Das sind Schriftzüge, die mehr oder weniger lesbar sind.

Alter: ab 7 Jahren
Material: Malpapier, Bleistifte, Radiergummis, dicke Filzstifte, Buntstifte, Wachsmalfarben

Die Spielleitung schaut sich mit den Kindern Beispielbilder an (→ Abb. oder im Internet).
Die Kinder gestalten ihren Namen im Typo-Style. Dazu zeichnen sie die Buchstaben mit dem Bleistift vor und korrigieren evtl. mit dem Radiergummi.
Sie ziehen die Bleistiftlinie mit einem dicken Filzstift nach und malen alle Buchstaben mit möglichst farbintensiven Stiften schrill aus.

Variante
Die Kinder gestalten Einladungskarten im Typo-Style: *„Geburtstagsparty"*, *„Fest der Kulturen"* oder *„Lange Lesenacht"* prangt dann als Graffiti-Überschrift auf der Vorderseite einer Klappkarte oder oben auf einem Flyer. Unterschrieben wird natürlich mit dem Typo-Style-Namenszug.

Graffiti-Präsentation multimedial

Alter: ab 8 Jahren
Material: Fotokamera, Beamer; evtl. Instrumente, Videokamera

Eine effektive Art der Bildpräsentation besteht darin, die Graffiti-Bilder über einen Beamer zu zeigen. Hierfür wird jedes einzelne Motiv in gutem Licht abfotografiert, am besten in hellem Tageslicht.
Die Bilder werden auf den Rechner hochgeladen und mit einem Video-Maker in eine Dia-Show gebracht. Dazu kann eine Musik eingespielt werden – oder die Kinder spielen die Musik live, z. B. den „Fantasie-Rap" (→ S. 88), während gleichzeitig ihre Bilder auf eine Leinwand projiziert werden.

Variante
Diese Verbindung aus Diaprojektion mit Livemusik wird mit der Videokamera gefilmt. Mithilfe der Spielleitung können die Kinder so ihr eigenes Bandvideo produzieren und ggf. auf Youtube stellen.

Asien: Japan

Big Bäng: Yo, yo, yo … ich drehe den Globus!
El Ritmo: Und ich stoppe. Zack!
Sara Swing: Ups, wo bist du denn gelandet? H-o-k-k-a-i-d-o.
Big Bäng: Quatsch, Hokkaido ist doch ein Kürbis. Da kann man Suppe draus kochen.
El Ritmo: Lies mal die nächstgrößeren Buchstaben, die da durch das Land gehen.
Sara Swing: J-a-p-a-n.
El Ritmo: Aha. Dann befinden wir uns in Asien. Da bin ich an den östlichsten Rand von Asien gelangt. Asien ist riesig. Es gibt Ostasien und Nordasien und Südostasien.
Bella Boom: Welch Länder gehören noch mal gleich zu Asien?
El Ritmo: Indien, …
Big Bäng: … China, Japan, Thailand, Indonesien …
Sara Swing: … und die ganzen Länder mit -tan am Ende: Kirgistan, Kasachstan, Usbekistan, Turkmenistan, Tadschikistan, Afghanistan, Pakistan – und noch Aserbaidschan. Mehr weiß ich nicht.
Big Bäng: Ich bin beeindruckt, Sara. Und sprechen die da Tadschikistanisch? Oder Turkmenistanisch?
Sara Swing: Die Tadschiken sind ein iranisches Volk und sprechen Tadschikisch. Die Sprache ist mit dem Persischen verwandt.
El Ritmo: Hokkaido jedenfalls ist eine Insel in Japan. Japan besteht aus ziemlich vielen Inseln, die alle im Osten von Asien liegen.
Sara Swing: Ich freue mich, dass wir gerade in Japan gelandet sind. Da gibt es doch dieses schöne japanische Kirschblütenlied …

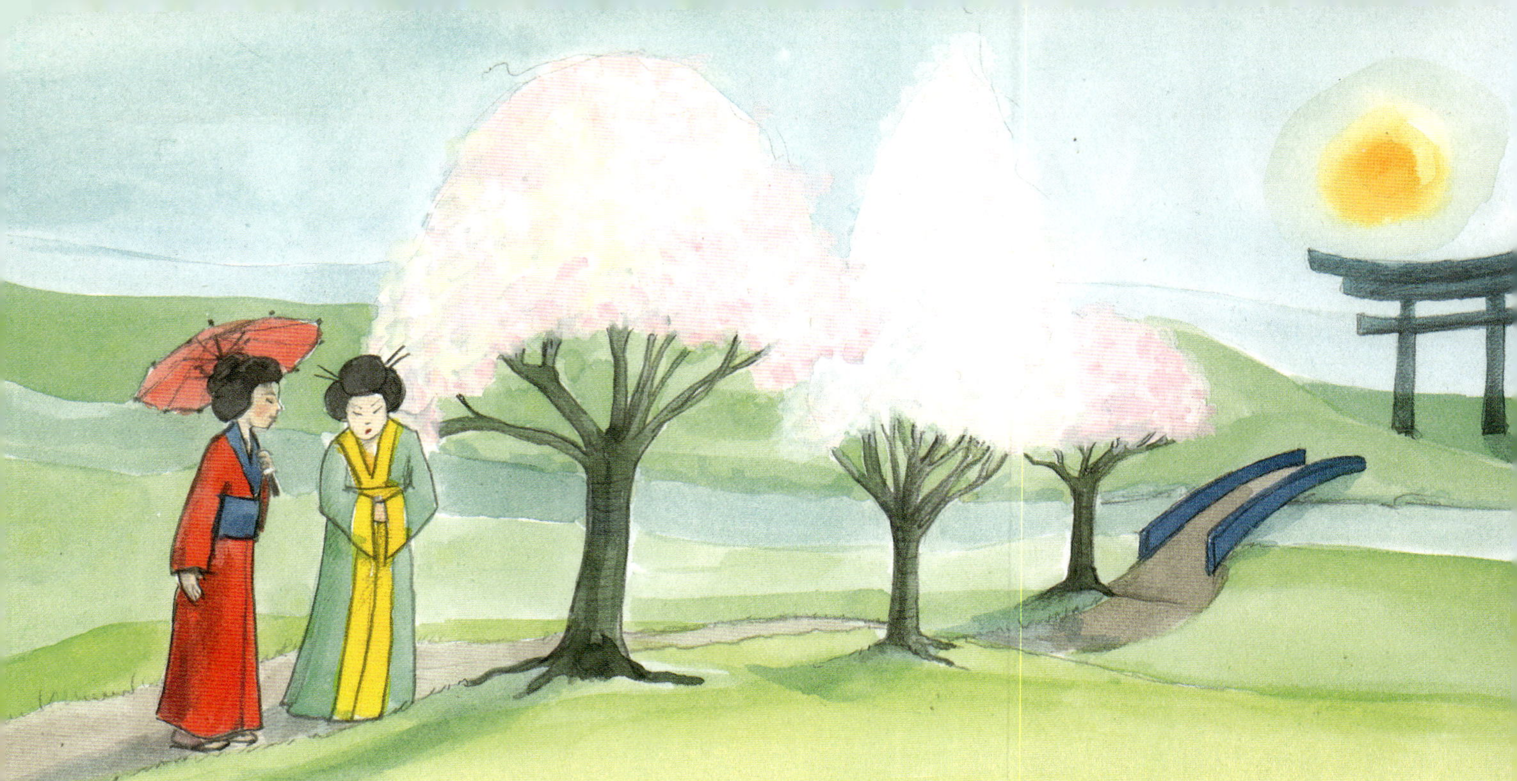

Sakura

Nr. 32

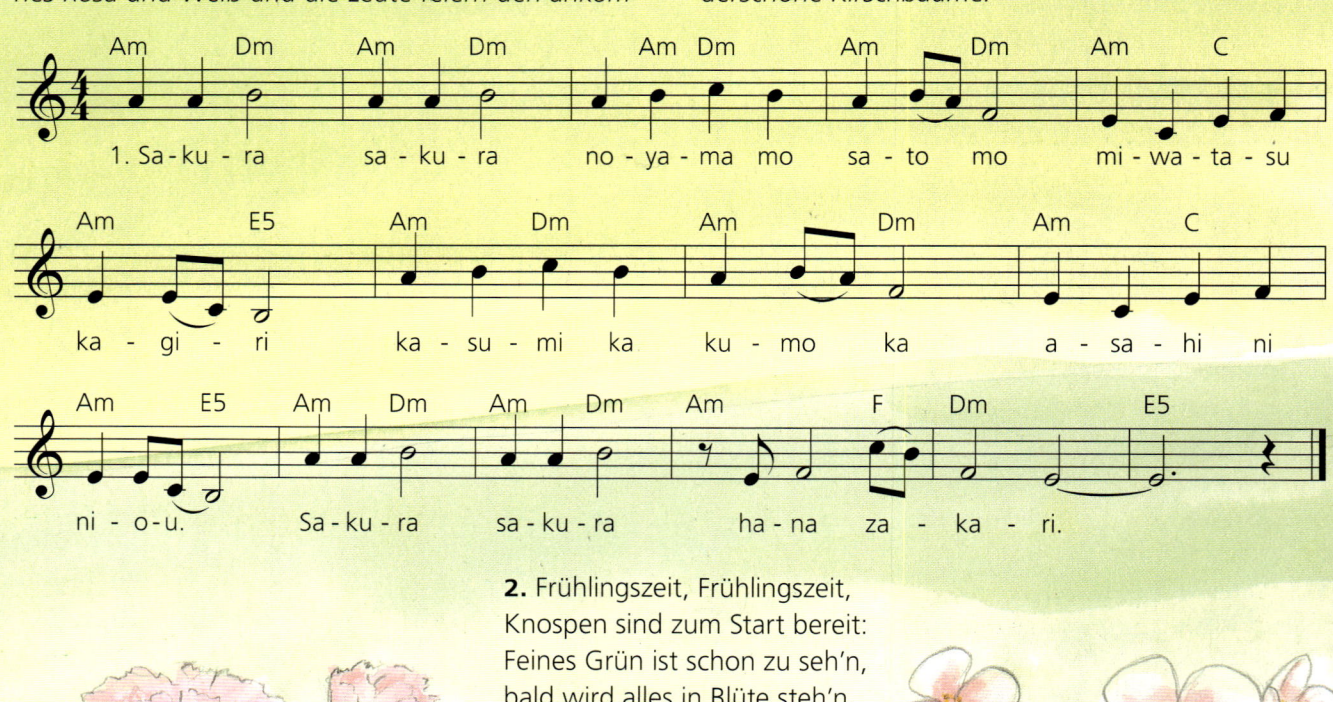

jap. Text & Musik: trad. aus Japan | **dt. Text:** M. F. Hohberger | **Arrangement:** R. Kiwit

„Sakura“ bedeutet „Kirschblüte“. Die Kirschblüte beginnt im März und taucht fast ganz Japan in ein schönes Rosa und Weiß und die Leute feiern den ankommenden Frühling. Auch bei uns beginnt der Frühling mit der Blütezeit und in vielen Gärten blühen wunderschöne Kirschbäume.

Am Dm Am Dm Am Dm Am Dm Am C
1. Sa-ku - ra sa - ku - ra no - ya - ma mo sa - to mo mi - wa - ta - su
Am E5 Am Dm Am Dm Am C
ka - gi - ri ka - su - mi ka ku - mo ka a - sa - hi ni
Am E5 Am Dm Am Dm Am F Dm E5
ni - o-u. Sa-ku - ra sa-ku - ra ha - na za - ka - ri.

2. Frühlingszeit, Frühlingszeit,
Knospen sind zum Start bereit:
Feines Grün ist schon zu seh’n,
bald wird alles in Blüte steh’n,
frischer Duft liegt in der Luft.
Frühlingszeit, Frühlingszeit,
alles ist zum Start bereit.

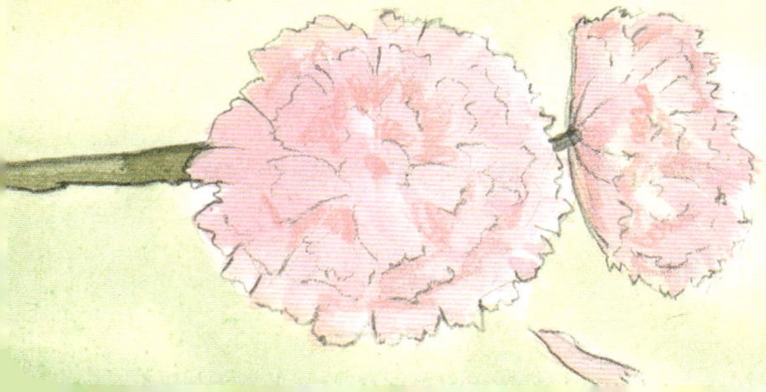

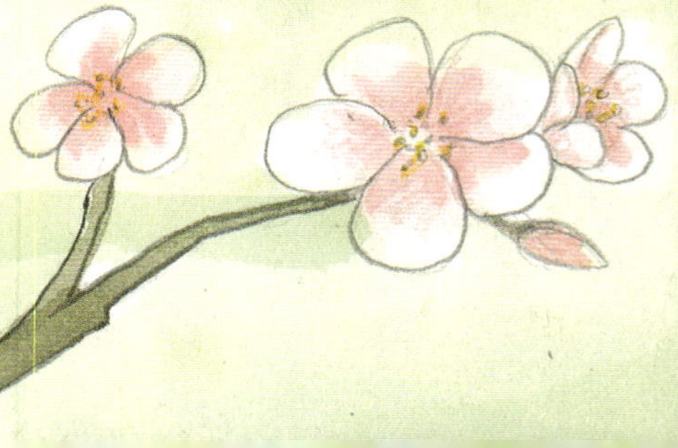

Liedbegleitung

Alter: ab 5 Jahren
Material: alle Rhythmusinstrumente und Klangerzeuger, alternatives Rhythmus-Set (➔ S. 6); evtl. Xylofone, Boomwhackers (Musikhandel, ca. 30 €, ➔ Hinweis)

Alle Kinder sitzen im Kreis. In der Mitte liegen alle vorhandenen Instrumente und Klangerzeuger bereit.
Die Spielleitung erklärt das Thema des Liedes: Es geht um die Kirschblüten an den Bäumen, wie sie sich im Frühling langsam öffnen, um dann ihre Farbenpracht und ihren Duft ins ganze Land zu sprühen. Mit welchen Instrumenten kann eine solche Geschichte erzählt werden? Welche Klänge passen zum Aufgehen der Blüten? Wie fühlt sich das an? Ist das leise, laut, zart oder kraftvoll?
Gemeinsam mit der Spielleitung wählen die Kinder die Instrumente aus und improvisieren ein Klangbild, das ihrer Meinung nach zum Thema passt.
Dazu singt eine andere Gruppe das Lied.

Varianten
- **Ältere Kinder** üben mithilfe der Spielleitung die Melodie auf einem Xylofon zu spielen. Dazu singen die Kinder das Lied.
- Die Melodie wird mit Boomwhackers eingeübt. Jedes Kind bekommt eine Röhre und ist immer an einer bestimmten Stelle dran, seinen Ton per Boomwhaker zu produzieren. Bei einer Aufführung kommen die Boomwhaker-SpielerInnen mit Bewegung in den Raum und werfen ihre Melodietöne geradezu in den Raum. Alle Kinder singen *„Sakura"* und einzelne Kinder singen den Rest der Strophe.

Hinweis: Boomwhackers sind unterschiedlich lange Kunststoffröhren, die als Percussioninstrumente dienen. Sie sind tonal aufeinander abgestimmt und in unterschiedlichen Sätzen als Tonleitern erhältlich. Beim Schlagen auf verschiedene Untergründe (Knie, Fußboden, Stuhl, Wand etc.) ergeben sich unterschiedliche Töne. Jede Röhre und somit jeder Ton hat eine andere Farbe, sodass das Spielen einer Melodie auch optisch nachvollziehbar ist.

Tanz der aufgehenden Blüten

Alter: ab 4 Jahren
Material: weiße und rosafarbene Kleidung und Schminke, 2 Chiffon- oder Jongliertücher in Weiß und Rosa pro Kind

Alle TänzerInnen ziehen sich weiße und rosafarbene Kleidungsstücke an und lassen sich von der Spielleitung in denselben Farben schminken.
Jedes Kind hält zwei zusammengeknüllte Chiffontücher in den Händen und hockt sich wie eine kleine Blüte zusammengekauert auf den Boden, sodass alle Kinder gut verteilt sind.
Es ist ganz leise und aus der Stille erklingen langsam die ersten Töne des „Kirschblütenklangbildes" (s. o.).

Ganz langsam beginnen die TänzerInnen sich zu bewegen. Wie in Zeitlupe heben sie die Köpfe, die „Knospen" öffnen sich Stück für Stück, ganz langsam, bis die Kinder stehen.
Die MusikerInnen beginnen mit dem Lied, während die TänzerInnen langsam ihre Hände öffnen, sodass sich die Tücher-Blüten nach und nach entfalten können.
Die TänzerInnen bewegen sich mit den Tüchern in großen Bewegungen durch den Raum, als wollten sie den Duft der Kirschblüten mit ihren Bewegungen überall verteilen.
Am Ende des Liedes stehen alle TänzerInnen mit nach oben gestreckten Armen im Raum und lassen aus dieser Position die Tücher zu Boden gleiten.
Hinweis: Wer sich intensiver mit dem Schminken beschäftigen möchte, findet auf Youtube professionelle Schminkanleitungen (Suchbegriff: „Geisha Schminkvorlage").

Taiko-Trommeln

Sara Swing: Nach so einem zarten Lied können wir jetzt noch einen richtigen Power-Rhythmus spielen.
El Ritmo: So wie die japanischen Taiko-Trommler.
Big Bäng: Als „Taiko" werden in Japan ja alle Trommeln bezeichnet.
Bella Boom: Wir meinen jetzt aber eine Fasstrommel, die aus einem Baumstamm hergestellt wird.
Big Bäng: Manche sind riesig. Sie haben über 2 m Felldurchmesser. Manche hängen und andere stehen.
Sara Swing: Und die Trommler bzw. die Trommlerinnen – in Japan trommeln nämlich viele Frauen – spielen mit viel Energie, Dynamik und Körpereinsatz und immer mit Stöcken, die viel dicker sind als unsere dünnen Trommelsticks.
El Ritmo: Auch hier kommt das Trommeln wieder aus religiösen Zusammenhängen. Eine alte japanische Religion heißt Shintoismus. Hier wurden mit dem Klang der Trommeln die Götter der Vorfahren angerufen.
Bella Boom: Und im Buddhismus repräsentiert der Klang der Trommeln die Stimme Buddhas.

Taiko-Rhythmen

Nr. 34

Beim Taikotrommeln spielen die TrommlerInnen meistens unisono, d.h. sie spielen nicht verschiedene Trommelstimmen, sondern alle gleichzeitig den gleichen Rhythmus. Stimme und Bewegungen unterstützen die Kraft und Energie des Rhythmus'. Die Taiko-Trommeln können durch andere Materialen ersetzt werden.

Alter: ab 5 Jahren
Material: 1 Plastik-Eimer-Trommel pro Kind (mind. 45 cm hoch) aus dem alternativen Rhythmus-Set (➜ S. 6), 2 Rundhölzer pro Kind (Baumarkt, ca. 40 cm lang, 25 mm dick); evtl. Pfeife

Die Kinder trommeln im Stehen. Die Eimertrommeln sollten so groß sein, dass sie den Kindern bis knapp unterhalb des Beckens reichen. Sie stehen in Schrittstellung hinter ihrer Trommel. Das vordere Bein ist leicht angewinkelt, das andere streckt sich nach hinten (➜ Abb.). In dieser Position entwickelt sich eine bestimmte energetische Haltung. Durch die beiden Stöcke in den Händen verstärkt sich die aktive Energie, die Taiko-TrommlerInnen auszeichnet.
Die Gruppe übt in dieser Position zunächst den Umgang mit dem Material und das Spiel von ersten gemeinsamen Rhythmen:

× = Drumsticks aneinander schlagen

Als Einstieg eignet sich Groove 3: rechts, links, rechts, links … Und hören! Spielen wir alle zusammen oder spielen einige schneller und andere langsamer?

Die Spielleitung lernt mit den Kindern durch Vor- und Nachspielen die Grooves 3–8 je nach ihren Fähigkeiten. Beim Einsatz der Stimme bei den Hey-Rufen und der Bewegungen ist es wichtig, dass dies mit innerer Präsenz und aktiver innerer Anwesenheit geschieht.

Variante ab 8 Jahren

Aus den Grooves entsteht ein ganzes Stück.

Es beginnt mit dem Intro. Der Ton auf der Eins wird mit beiden Sticks gleichzeitig gespielt.

Auf der Zwei (Pause) geht die rechte Hand zur linken Schulter.

Auf der Drei (Pause) geht zusätzlich die linke Hand zur rechten Schulter, sodass die Arme ein Kreuz vor der Brust bilden.

Auf der Vier werden beide Arme dynamisch und von einem lauten, knackigen „HEY!" begleitet gerade in die Luft gestreckt.

Das Intro wird achtmal gespielt.

Jetzt startet der „Solosticktrommler" seinen Rhythmus. Er spielt zweimal allein, dann setzen alle anderen SpielerInnen ein und spielen dazu unisono Groove 3. Der Solosticktrommler spielt während der ganzen Zeit seinen Rhythmus weiter.

Die anderen SpielerInnen wechseln die Grooves auf einen Pfiff oder auf einen Ruf der Spielleitung: Auf der nächsten Eins wechselt sie in Groove 4. Die Kinder hören einmal das neue Rhythmusmuster und steigen ein. Nach einer Weile folgt auf die gleiche Weise der Wechsel in Rhythmus 5 usw.

Orient

Orientalische Trommelfamilie

Bella Boom: So, letzte Runde, dann muss ich mich bald aufs Ohr legen.

Sara Swing: Och, nö. Es macht so einen Spaß. Los, du drehst den Globus. Ich stoppe.

El Ritmo: Und?

Bella Boom: Alles Blau hier. Ich bin im indischen Ozean.

Big Bäng: Wasser gilt nicht. Los nochmal.

Bella Boom: S-a-u-d-i-a-r-a-b-i-en.

El Ritmo: Na prima, mitten in der Wüste.

Big Bäng: Schön, dann mal alle – zack – aufs Kamel. Wir sind im Orient!

Sara Swing: Und von dort kommen die ganzen schönen Geschichten aus 1001 Nacht. „Aladin mit der Wunderlampe" z. B. oder „Ali Baba und die 40 Räuber".

Bella Boom: Hach, da werde ich gleich wieder wach. Und natürlich müssen wir im Orient auf einem Teppich fliegen.

El Ritmo: Klar. Und tolle Rhythmen gibt es: „Ayub" z. B. oder den „kleinen Masmoudi". Und so spannende Instrumente. Die orientalische Trommelfamilie hat nämlich wieder ganz andere Instrumente als die afrikanische oder die südamerikanische. In der orientalischen Musik gibt es z. B. verschiedene **Rahmentrommeln:** Duff, Bendir und Reqq. Sie unterscheiden sich in der Größe und am Reqq sind zusätzlich Schellen dran.

Sara Swing: Dann gibt es **Zimbeln**. Sie sind ein beliebtes Utensil bei den Tänzerinnen: zwei Mini-Becken, die an Daumen und Mittelfinger befestigt werden.

Bella Boom: Und natürlich die **Darabouka.** Diese Trommel ist kelchförmig, traditionell aus Ton gefertigt und mit einem Ziegenfell oder einer Fischhaut bespannt. Moderne Daraboukas sind heutzutage auch aus Metall und mit Kunststoff bespannt. Als Rechtshänder klemmt der Trommler sich die Darabouka im Stehen unter den linken Arm oder legt sie im Schneidersitz sitzend über den linken Oberschenkel.

El Ritmo: Ich finde, jetzt singen wir erst mal was, und dann wird getanzt und mit Instrumenten geprobt! Also: Hier kommt das Kamel!

Rahmentrommel (Reqq)

Zimbeln

Das Kamel Habibi

Nr. 36

Text: M. F. Hohberger | **Musik:** R. Kiwit

1. Das Ka - mel Ha - bi - bi steht un - term Dat - tel - baum. Es hat sich den Bauch

mit den Dat - teln voll - ge - hau'n. Heut ist ein gro - ßes Fest, ach, das ist wun - der - bar!

Das Ka - mel Ha - bi - bi hei - ra - tet Herrn Dro - me - dar!

2. Das Kamel Habibi
liebt Herrn Dromedar,
der steht seit Stunden schon
drüben an der Dattelbar.
„Hörst du, wie die Trommel ruft?
Komm, wir tanzen Baladi",
ruft verliebt im Datteleduft
das Kamel Habibi.

3. „Mein Kamel Habibi",
freut sich Herr Dromedar,
„heut ist unser Hochzeitsfest,
das allerschönste Fest im Jahr.
Wir tanzen hier die ganze Nacht
unterm großen Sternenzelt.
Und du bist der größte Schatz,
den ich hab auf dieser Welt!"

4. Das Kamel Habibi
und der Herr Dromedar
sind ein schönes Hochzeitspaar
und feiern das jetzt jedes Jahr
in der weiten Wüstenwelt.
Im Sonnen- oder Mondenschein
unterm großen Himmelszelt
tanzt bald auch ein Habibilein.

Bella Boom: Was für ein tolles Lied. Aber wenn wir das so richtig wie im Orient aufführen wollen, dann müssen wir erst mal mit den Zimbeln üben. Und natürlich tanzen!

Sara Swing: Den orientalischen Tanz kennzeichnen seine Hüftbewegungen. Sie sind über Jahrhunderte gleich geblieben. Außerdem gibt es weiche und fließende Bewegungen mit dem Oberkörper und mit den Armen.

El Ritmo: Und das Schütteln einzelner Körperpartien. Dieses Schütteln nennt sich „Shimmy".

Big Bäng: Ein orientalisches Sprichwort sagt: „Ein Fest ohne Tanz ist wie eine Oase ohne Wasser."

El Ritmo: Na, dann mal los!

Isolationstanz

Eine Übung, in der die Kinder lernen, einzelne Körperteile bewusst wahrzunehmen und sie getrennt voneinander bewegen zu können. Sie fördert Körperwahrnehmung und Körperbewusstsein.

Alter: ab 5 Jahren
Material: ⬤ Nr. 36 oder orientalische, rhythmische Musik (nicht zu schnell)

Alle Kinder stehen verteilt im Raum, mit beiden Beinen gut geerdet. Jedes Kind hat genug Platz für große Bewegungen. Die Spielleitung startet die Musik und spricht verschiedene Anweisungen hinein. Zwischen den Anweisungen lässt sie genügend Zeit für die Umsetzung (✳✳✳):

„Wir bewegen unsere Fingerspitzen. ✳✳✳ Jetzt kommen die Handgelenke dazu. ✳✳✳ Die Finger bleiben in Bewegung. Es folgen die Ellenbogen und die Oberarme. ✳✳✳ Jetzt kommen die Schultern dazu. ✳✳✳ Was machen die Finger? Sind sie noch in Bewegung? ✳✳✳ Es folgt der Oberkörper. ✳✳✳ Jetzt der Bauch und die Hüfte. Und der Po. Alles dreht und windet sich. Was machen die Finger? Die Handgelenke? ✳✳✳ Jetzt kommen Beine und Knie dazu. ✳✳✳ Und die Füße. (Kinder bewegen sich durch den Raum). *Zum Schluss kommt noch der Kopf dazu."*

Die Kinder bewegen sich auf diese Weise eine Weile zur Musik durch den Raum und nehmen die Bewegungen der einzelnen Körperteile wahr. Die Spielleitung unterstützt diese Wahrnehmung, indem sie zwischendurch immer wieder an einzelne Körperteile erinnert.

Nach einer Weile stoppen die Bewegungen in umgekehrter Reihenfolge: Als Erstes hört der Kopf auf sich zu drehen, dann bleiben die Füße stehen. Knie und Beine stoppen, dann die Hüfte, der Po. Der Oberkörper kommt zur Ruhe, die Schultern ruhen, die Arme werden still. Die Handgelenke hören auf. Nur die Finger bewegen sich noch eine Weile. Sonst ist alles still. Und am Ende stehen auch die Finger still. Die Kinder spüren nach.

Tanz der Elemente

Alter: ab 4 Jahren
Material: 🔘 Nr. 36 oder orientalische, rhythmische Musik (nicht zu schnell); evtl. Schleier, Tücher

Die Spielleitung erklärt den Kindern, dass die vier Elemente Wasser, Luft, Erde und Feuer Symbole im orientalischen Tanz sind. Gemeinsam probieren die Kinder mit der Spielleitung aus, mit welchen Körperbewegungen welches Element ausgedrückt werden kann, z. B.:
Wind: Armbewegungen, Körper nach rechts und links drehen
Wasser: Wellenbewegungen mit dem Becken, den Armen, mit dem ganzen Körper
Erde: Shimmy – die Erde bebt
Feuer: Blitz – scharfe Akzente mit der Hüfte setzen
Die Spielleitung stellt die Musik an und leitet die Kinder durch den Tanz:
„Ein sanfter Wind kommt auf. ∗∗∗ Er wird stärker. ∗∗∗ Es stürmt. ∗∗∗ Der Sturm legt sich. ∗∗∗ Da kommt eine große Welle auf euch zu. ∗∗∗ Überall ist Wasser. ∗∗∗ Es blitzt." usw.
Die Kinder bewegen sich entsprechend dazu. Mal werden sie durch die Musik in Wellenbewegungen geleitet, mal in eckigere Bewegungen. Mal zieht es sie mehr in die Luft, mal eher zum Boden. Der ganze Raum kann genutzt werden.

Varianten

• Die Kinder haben sich mit den Bewegungen von Wasser, Wind, Erde und Feuer vertraut gemacht. Mithilfe der Spielleitung finden sie heraus, was mit den Begriffen „innen" und „außen" gemeint ist. Die Spielleitung fordert die Kinder auf, ihren Tanz zum Wasserthema einmal mit geschlossenen Augen zu tanzen. So als wären sie ganz allein und nur für sich. Jede Bewegung wahrnehmen und genießen. Wie fühlt sich das an? Dann tanzen die Kinder den gleichen Tanz nach außen. Die innere Einstellung ist: Seht her, ich zeige euch meinen tollen Tanz, meine wunderbaren Bewegungen. Ich zeige mich. Wie fühlt sich das an? Nach beiden Varianten sitzen die Kinder mit der Spielleitung zusammen und sprechen über das, was sie beim Tanzen erlebt haben.

• Die Kinder tanzen mit Tuch oder Schleier und probieren aus, welche Bewegungen damit möglich sind: Wo unterstützt der Schleier ihre Bewegungen und wo erweist er sich vielleicht als hinderlich? Sie wiederholen den „Tanz der Elemente" und setzen bei den Elementen Luft und Wasser den Schleier ein.

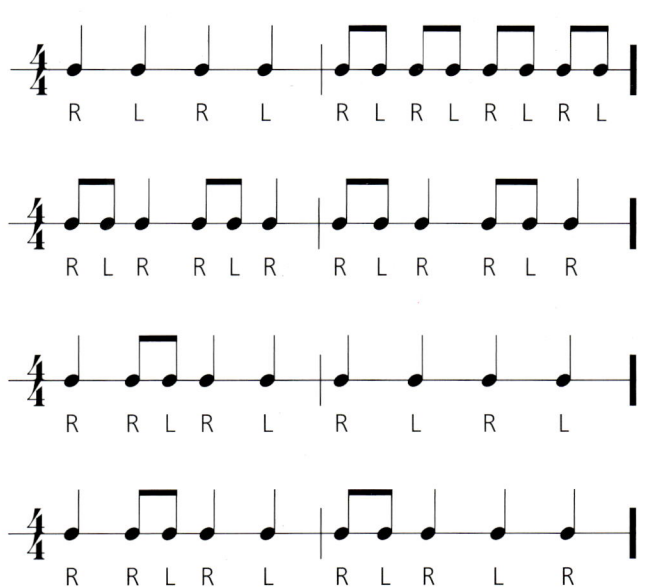

Das Spiel mit Zimbeln

Alter: ab 6 Jahren

Material: 2 Paar Zimbeln pro Kind (kostengünstig im Musikgeschäft/Internet)

Die Kinder befestigen jeweils eine Zimbel mit dem Gummiband am rechten und linken Daumen, die andere am rechten und linken Mittelfinger, sodass sie durch die Bewegung von Daumen und Mittelfinger aufeinanderschlagen. Die Kinder experimentieren eine Weile mit dem ungewohnten Instrument.

Haben sie ein wenig Sicherheit gewonnen, probieren sie unterschiedliche rhythmische Übungen zur Rechts-links-Koordination und die folgenden Rhythmen:

Rhythmus-Begleitung: Kleiner Masmoudi

Der kleine Masmoudi wird von Tänzerinnen „Baladi" genannt und das bedeutet: „meine Stadt" oder „mein Land". Er ist ein Volkstanz, in dem sich das tägliche Leben spiegelt.

Alter: ab 5 Jahren (Darabouka-Rhythmus ab 7 Jahren)
Material: Daraboukas oder alternatives Rhythmus-Set (➔ S. 6), Zimbeln, Schellenkränze oder Rasseln (➔ S. 44)

Hinweis: Die beiden Grundschläge, die auf der Darabouka erzeugt werden können, sind das „Dum" und das „Tak". Das „Dum" ist der Basston. Er wird in der Mitte des Fells mit der flachen Hand geschlagen. Das „Tak" ist ein hoher Ton. Er wird erzeugt, indem die Finger auf den Rand der Trommel schlagen. Geübte SpielerInnen haben unzählige Varianten an Zwischenschlägen zur Verfügung, mit denen sie ihr Spiel lebendig und abwechslungsreich gestalten.
Stehen keine Daraboukas zur Verfügung, wird der Rhythmus auf den Hockern des alternativen Rhythmus-Sets gespielt (die tiefen Töne auf der Sitzfläche mit Mousepad, die hohen Töne am Rand).

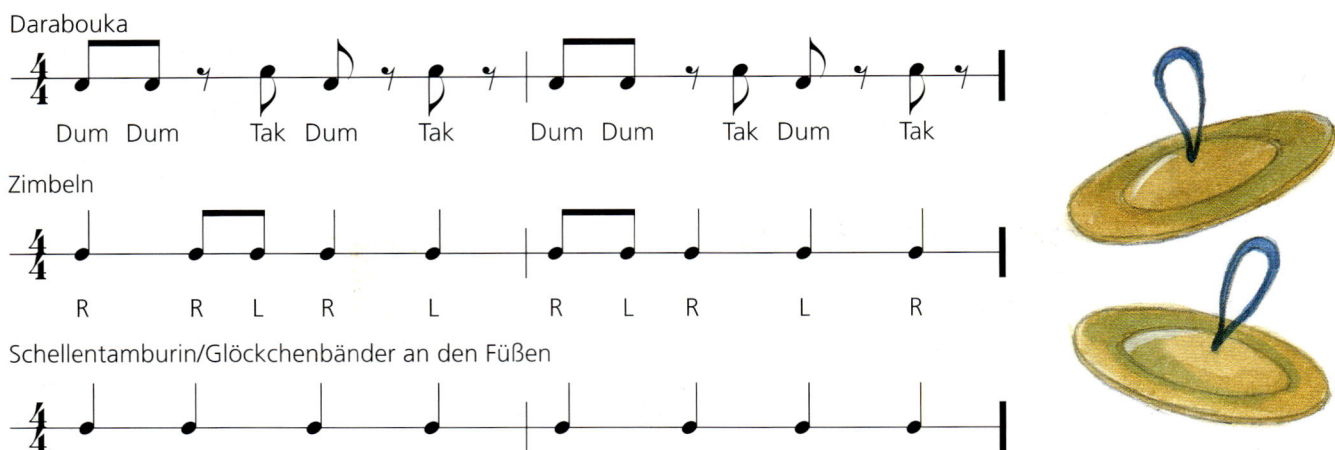

Darabouka

Dum Dum   Tak Dum   Tak   Dum Dum   Tak Dum   Tak

Zimbeln

R   R L R   L   R L R   L   R

Schellentamburin/Glöckchenbänder an den Füßen

Zunächst singt die Spielleitung mit den Kindern die erste Rhythmuszeile mit dem Hauptgroove: *„Dum Dum Tak Dum Tak"*.
Dann werden die Instrumente verteilt. Die älteren Kinder spielen auf den Mousepad-Hockern oder auf Daraboukas die erste Rhythmuszeile.
Eine zweite Gruppe spielt mit den Zimbeln die zweite Rhythmuszeile.
Die Jüngsten spielen die einfache dritte Zeile mit dem Schellenkranz oder mit einer Rassel.
Mithilfe der Spielleitung lernen die Kinder das Aufeinanderhören und das allmähliche Steigern des Tempos.

Inszenierung „Das Kamel Habibi"

Alter: ab 4 Jahren
Material: Trommeln, Rasseln, Zimbeln, Tücher, Datteln

Die Kinder verbinden Rhythmus, Lied und Tanz zu einer Inszenierung.
Eine **Rhythmusgruppe** spielt den Rhythmus mit Trommeln, Zimbeln und Rasseln.
Eine Tänzerin, leicht geschmückt mit Tüchern um die Hüften, spielt das Kamel Habibi. Sie steht auf der Bühne und verspeist genüsslich ein paar Datteln.

Der **Chor** singt die 1. Strophe des Liedes, begleitet von der Rhythmusgruppe.

Die Rhythmusgruppe spielt allein weiter und die Tänzerin improvisiert einen Tanz unter Verwendung von vorher erlernten Motiven (→ Tanz der Elemente S. 104).

In der 2. Strophe taucht **ein Tänzer** als Herr Dromedar auf. Beide nehmen durch Blicke und räumliche Annäherung Kontakt miteinander auf.

Im Rhythmusteil nach der 2. Strophe tanzen beide „verliebt" und „voller Freude" miteinander. Auch nach der 3. Strophe tanzen beide wieder zusammen. Während der 4. Strophe nehmen beide während des Tanzes Kontakt miteinander auf, nähern sich räumlich an, dann auch körperlich, indem sie sich in die Arme nehmen oder sich an den Händen fassen, die MusikerInnen spielen einen Wirbel – Ende.

El Ritmo: So, ein Kontinent fehlt uns jetzt aber noch, das ist der, auf dem wir selber leben.

Big Bäng: EUROPA!

El Ritmo: Genau. Und Europa ist riesig und es gibt soooooo viel verschiedene Musik. Wie wollen wir uns denn da entscheiden? Da gibt es Balkan-Beats, Gypsy-Sounds, Flamenco aus Spanien …

Sara Swing: … Walzer, keltische Musik aus Irland, Schottland und der Bretagne, Fado aus Portugal, Marschmusik, Schweizer Guggenmusik, Polka …

Big Bäng: Oh, ja!! Lasst uns Polka spielen. Da macht der Rhythmus so viel Spaß und wir können schön tanzen, denn die Polka ist ein schneller, ausgelassener Tanz im Zweivierteltakt.

Bella Boom: Und kommt nicht aus Polen, wie man vielleicht denken könnte, sondern aus Böhmen, was heute Tschechien ist.

El Ritmo: Und die Polka ist weit gereist. Es gibt sie inzwischen in vielen Ecken der Welt.

Bella Boom: Es gibt viele verschiedene Polkas, z. T. mit sehr lustigen Namen. Die Sauerkraut-Polka zum Beispiel.

Sara Swing: Oder die Tritsch-Tratsch-Polka von Johann Strauß.

Bella Boom: Heute gibt es Bands wie beispielsweise die „Polkaholix". Da lebt ein Polka-Rhythmus durch den schnellen Beat-&-Offbeat-Rhythmus. So wie in Ska oder Reggaemusik. Dafür machen wir mal eine Übung!

Europa

Beat & Offbeat

Alter: ab 6 Jahren
Material: evtl. Rhythmusinstrumente, alternatives Rhythmus-Set (➜ S. 6)

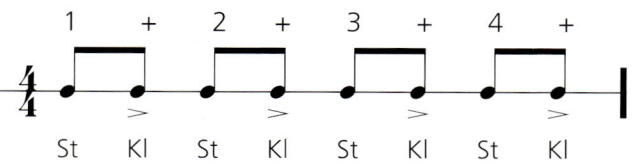

St = stampfen
Kl = klatschen

Alle Kinder stehen im Kreis. Mit den Füßen stampfen alle gleichzeitig den Beat: Eins – zwei – drei – vier, rechts – links – rechts – links. Alle laufen im Gleichschritt durch den Raum. Die Füße markieren den Beat. Die Impulse des Offbeats liegen jetzt zwischen den Beats, d. h.: eins UND zwei UND drei UND vier UND. Auf jedes „UND" wird zusätzlich zu den Schritten geklatscht: stampf – klatsch – stampf – klatsch …

Varianten

• Die Kinder bilden zwei Gruppen, die „Stampfer" und die „Klatscher". Die „Stampfer" beginnen in langsamem Tempo gleichmäßig den Beat zu stampfen: rechts, links, rechts, links. Die „Klatscher" klatschen in den Pausen zwischen den Beats. Gar nicht so einfach – mit ein wenig regelmäßiger Übung gelingt es aber zusehends besser!
• Die „Stampfer" spielen ein Rhythmusinstrument mit tiefem Klang, z. B. Basstrommeln, die „Klatscher" eines mit hohem Klang, z. B. Schellenkränze. Haben die Kinder Beat & Offbeat verinnerlicht, übertragen sie ihn auf den Mousepad-Hocker aus dem alternativen Rhythmus-Set. Der Beat wird mit einem Stick auf der Sitzfläche gespielt (dunkler Ton) und der Offbeat mit dem anderen Stick am Sitzrand (heller Ton): boom-tschak-boom-tschak-boom-tschak-boom-tschak … Mit diesem Rhythmus begleiten die Kinder das Lied „Wir machen eine Reise" (➜ S. 110).

Löffeln

Alter: ab 6 Jahren
Material: 2 Esslöffel pro Kind

Alle Kinder sitzen mit den Löffeln im Stuhlkreis. Jedes Kind hält einen Löffel mit der gewölbten Seite nach unten zwischen Daumen und Zeigefinger und den zweiten Löffel mit der gewölbten Seite nach oben zwischen Mittel- und Ringfinger. So berühren sich die Unterseiten beider Löffel und es entsteht ein Klang.
Die Kinder legen die Hand mit beiden Löffeln auf ihrem Oberschenkel ab und halten die andere Hand in ca. 10 cm Abstand darüber. Die Löffelhand bewegt sich zwischen Oberschenkel und Handfläche auf und ab und schlägt so in schnellem Wechsel gegen Oberschenkel und Hand. Dadurch entsteht ein klapperndes Geräusch, mit dem vielfältige Rhythmen gestaltet werden können.
Es braucht eine Weile des Probierens und Übens, bis die Löffel in einer guten Position sind und nicht mehr wegrutschen.

Variante

Nach einer Weile des Übens können die Kinder den Beat-&-Offbeat-Groove (s. o.) mit den Löffeln spielen und damit das Polkalied (➜ S. 110) begleiten. Der Beat ist der Schlag nach unten auf die Oberschenkel, der Offbeat der Schlag nach oben in die Handinnenfläche.

Wir machen eine Reise

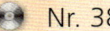 Nr. 38

Text: M. F. Hohberger **| Musik:** M. F. Hohberger, R. Kiwit

Strophe

1. Wir ma - chen ei - ne Rei - se kreuz und quer durch Eu - ro - pa, auf ganz be - son - d're Wei - se, denn mit den Oh - ren sind wir da!

Refrain

Ey - ey - ey, yu - bi - da - bi - du - bi - da, ey - ey - ey, yu - bi - du - bi - da – hey!

Ey - ey - ey, yu - bi - da - bi - du - bi - da, ey - ey - ey, yu - bi - du - bi - da.

2. Im Frühjahr singt ein Frosch im Teich,
ja, auch in Wuppertal,
Walzer tanzt man in Österreich
in einem großen Saal.

Refrain: Eyeyey, yubi-dabi-dubi-da …

3. In Rumänien gibt es Balkan-Beats,
da geht es richtig ab!
Ein Hund tanzt seit drei Stunden mit,
jetzt wird er langsam schlapp.

Refrain: Eyeyey, yubi-dabi-dubi-da …

4. Die Mücke tanzt im Abendlicht
über finnische Seen.
Fado singt man in Portugal,
ich bleibe lauschend steh'n.

Refrain: Eyeyey, yubi-dabi-dubi-da …

5. Ein Chor singt in Bulgarien,
jemand spielt Klarinette.
Flamenco gibt's in Spanien,
manchmal mit Kastagnette.

Refrain: Eyeyey, yubi-dabi-dubi-da …

6. Ein Alphorn klingt durchs lange Tal
weit in die Dolomiten.
Punk und Pop und Rock 'n' Roll
hört man bei den Briten.

Refrain: Eyeyey, yubi-dabi-dubi-da …

7. Von Ost nach West und dann zurück,
Klänge von fern und nah:
so viele Länder mit Musik
in Europa!

Refrain: Eyeyey, yubi-dabi-dubi-da …

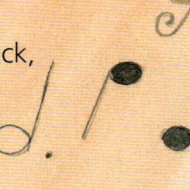

Tanz zum Lied: Polka

Alter: ab 5 Jahren

Die Kinder bilden Paare und stellen sich im Kreis auf: die Mädchen innen, die Jungs gegenüber (oder gleichgeschlechtliche Paare). Die Partner fassen sich an den Händen. Sie tanzen folgende Schritte:
1. Wir machen eine Reise
Wechselschritt nach rechts, Wechselschritt zurück
kreuz und quer durch Europa,
jedes Kind dreht sich mit vier Schritten um die eigene Achse, wieder Handfassung
auf ganz besond're Weise,
Wechselschritt nach rechts, Wechselschritt zurück
denn mit den Ohren sind wir da!
jedes Kind dreht sich mit vier Schritten um die eigene Achse

Refrain (2 ×):
Eyeyey,
dreimal in die eigenen Hände klatschen
yubi-dabi-dubi-da,
die Partner haken sich ein, drehen eine Runde im Hopserschritt
eyeyey,
dreimal in die Hände des Partners klatschen
yubi-dabi-dubi-da – hey!
die Partner haken sich ein, drehen eine Runde im Hopserschritt

Liedbegleitung: löffeln & tanzen

Alter: ab 5 Jahren
Material: 2 Esslöffel pro Kind

Die Spielleitung übt mit den Kindern Liedtext und Melodie ein. Auch dieses Lied kann im Refrain wunderbar im Frage-Antwortmuster gesungen werden: Alle Mädchen singen: *„Eyeyey"* und die Jungs antworten mit: *„yubi-dabi-dubi-da …"*
Zur Kombi von Gesang, Tanz und Rhythmus werden drei Gruppen gebildet: Die Ältesten begleiten mit dem **Löffel-Rhythmus** (➜ S. 109) und die Jüngeren entscheiden sich für **Chor** oder **Tanz** (s. o.).
Vielleicht klappt nach ein wenig Übung auch schon beides zusammen?

Europa sehen und hören

Alter: ab 6 Jahren
Material: Weltkarte (➜ S. 56), Zahnstocher, Papierstreifen, Schere, Klebstoff, Stifte; evtl. verschiedene europäische Musikbeispiele auf CD

Für dieses Spiel wird die Weltkarte noch einmal genutzt. Die Kinder suchen mithilfe der Spielleitung die im Lied „Wir machen eine Reise" (➜ S. 110) erwähnten Orte auf der Karte. Für jedes Land basteln sie ein kleines Fähnchen, indem sie dünne Papierstreifen an Zahnstocher kleben. Die Papierstreifen bemalen sie mit der jeweiligen Landesflagge oder beschriften sie mit dem Ländernamen.

Die Spielleitung bringt passende CDs mit Hörbeispielen für Walzer, Balkan Beats, Alphörner etc. mit –

oder sie sucht mit den Kindern im Internet nach Beispielen.

Variante

Die Spielleitung sucht mit Kindern einen Ort aus, der per Google Earth (➜ S. 56) angeflogen werden soll, z. B. Spanien. Aus der Musiksammlung oder aus dem Internet wird ein spanisches Musikstück ausgewählt. Während die Musik erklingt, zoomen sich die Kinder an Europa und Spanien heran, entdecken Madrid, Sevilla oder Granada …

Hinweis: Die Spielleitung sollte gut vorbereitet sein und vorher klar das Anflugziel bestimmen, um die Kinder leiten zu können. Die Gefahr im Internet liegt sonst immer darin, sich zu verzetteln, weil es so viele Möglichkeiten gibt.

Big Bäng: So, da haben wir uns jetzt aber wirklich mal umgehört.

Bella Boom: Es wird Zeit, die Ohren mal auszuruhen …

El Ritmo: … und was zu essen – der Mensch lebt ja leider doch nicht von Musik allein. Und nächstes Mal reisen wir nach Jamaika. Zur Reggae Musik am Strand.

Big Bäng: Oder nach Trinidad. Da gibt es die berühmten Steeldrums, oder eigentlich heißen sie „Steelpans". Das sind Instrumente aus Ölfässern, auf denen man wie auf einem Xylofon ganze Lieder spielen kann.

Sara Swing: Und Indien ist eine Reise wert. Da gibt es so viele Rhythmen. Aber die sind für uns manchmal nicht leicht zu verstehen.

Bella Boom: Und jiddische Musik haben wir auch noch nicht. Dafür müssen wir am besten nach Israel.

El Ritmo: Ok., dann sagen wir hier erstmal tschüss und bye, bye. Und vielleicht hören wir uns wieder bei einem der Feste und feiern, singen, trommeln und tanzen zusammen.

Sara Swing: Tschüüühüüüß!

Big Bäng: Bis bald, bye, bye!

Bella Boom: Auf Wiederhören!

Auf Wiederhören

Nr. 40

Text: M. F. Hohberger | **Musik:** M. F. Hohberger, R. Kiwit

Auf Wie - der - hö - ren, tschüss und bye, bye. Wir schlie-ßen die Oh - ren,

ja, al - le zwei. Ge - nie-ßen die Stil - le, kom-men zur Ruh', mor-gen geht's

wei - ter, schub-schu-bi - du, mor-gen geht's wei - ter, schub-schu-bi - du.

Rhythmus-Begleitung & Mooves

Alter: ab 4 Jahren
Material: Trommeln, alternatives Rhythmus-Set
(➜ S. 6)

Die älteren Kinder bilden eine Rhythmusgruppe und spielen auf den Trommeln einen leichten und leisen Dreivierteltakt.
Die Jüngeren singen im Kreis stehend das Lied und machen die folgenden Bewegungen dazu:

Auf Wiederhören, tschüss und bye, bye.
nach rechts und links winken
Wir schließen die Ohren, ja, alle zwei.
Ohren mit den Händen verdecken
Genießen die Stille, kommen zur Ruh',
Kopf seitlich auf die Hände legen
morgen geht's weiter, schub-schubidu.
mit beiden Händen in die Runde winken

FESTA!
WELTMUSIK FEIERN & PRÄSENTIEREN

Trommeln, Rhythmus und Gesang sind wesentliche Bestandteile von Festen, Zeremonien und Ritualen in unterschiedlichsten Kulturkreisen. Der Karneval in Brasilien oder auf Cuba, Feiern zu Hochzeiten, Namenstagen und anderen religiösen Anlässen in Afrika, zur Ehrung einer Kultur und zum Respekt an die Natur bei den Indianern.

Welches Fest in der Kita oder in der Schule wird als Nächstes gefeiert und wo können Trommeln und Gesang unterstützen, um damit einen besonderen Aspekt zu bekräftigen? Wie klingt der Frühling? Wie klingt der Herbst? Oder soll beim nächsten Karneval eine eigene Sambaband durch die Einrichtung ziehen, die mit brasilianischen Klängen für Stimmung sorgt? Wenn uns der Rhythmus der Trommeln berührt, wenn wir ihn fühlen, wenn wir merken, wie er unsere Stimmung verändert, dann sind das genügend Gründe dafür, ihn auch in unsere Kultur, in unsere Rituale aufzunehmen und zu integrieren. Musik ist dazu da, sie zu verbreiten und sie mit anderen Menschen zu teilen, und für die Kinder sind Auftritte und Präsentationen immer persönlichkeitsfördernd. Am wirkungsvollsten ist eine Inszenierung, in die das Publikum eingebunden ist. Lassen Sie alle Eltern und Verwandten aufstehen, mitsingen, klatschen und tanzen. Teilen Sie die Freude und Kraft des gemeinsamen Musizierens. Hier ein paar Möglichkeiten in Stichworten.

Fest der Klänge und Rhythmen

Eltern, Freunde und Verwandte werden zum „Fest der Klänge und Rhythmen" eingeladen. Dafür werden in der Einrichtung unterschiedliche Räume und Plätze für verschiedene Klangerlebnisse hergerichtet. Alle Spiele und Lieder aus diesem Buch lassen sich fantasievoll in ein Konzept einbinden. Das ganze Haus, das ganze Fest steht unter dem Motto: „Klingen, singen, sein!" Konkrete Beispiele:

Klangschatzkiste

An einem Platz steht die große Klangschatzkiste (→ S. 20). Hier werden von den Besuchern Klänge aufgeschrieben oder gemalt und in die Kiste gelegt. Vielleicht gibt es später eine Verlosung zu einem bestimmten Thema, bei der Klänge aus der Kiste gezogen werden.

Soundline

Hierfür werden Papiere mit aufgezeichneten Klängen (➜ S. 20 „Mein Lieblingsklang") an eine aufgespannte lange Wäscheleine gehängt. Zu jeder vollen Stunde treffen sich die Klangmaler & Schreiber an der Leine und nehmen an ihrem Bild Position ein. Jetzt lassen sie der Reihe nach ihren Lieblingsklang mit ihrer Stimme oder mit Bodypercussion erklingen.

Bühnenprogramm

Die „Soundlines" (s. o.) sind der Auftakt für ein jeweils anschließendes kleines Bühnenprogramm, das zu jeder vollen Stunde läuft. Hier werden ein oder mehrere Lieder gemeinsam gesungen und vorgeführt, bevor alle Besucher wieder durch die Räume gehen.

Hinweis: Ein Programm, das ca. 15 Min. dauert und mehrfach aufgeführt wird, ist oft spannender zu gestalten als ein langes Programm.

Klangerlebnisräume

* In einem Raum wird Klangmemory gespielt (➜ S. 21).
* In einem anderen wird zu einer Reise in die Stille eingeladen (➜ S. 15).
* Wieder ein anderer Raum ist komplett verdunkelt. Hier gibt es unterschiedliche Hörerlebnisse: Mal werden in dem Raum Klänge der Klangfänger (➜ S. 20) abgespielt, ein anderes Mal sitzen Kinder im Raum und entführen die Besucher in einen klingenden Urwald (➜ S. 53 „Waldsymphonie") oder es geht musikalisch die Sonne auf (➜ S. 24).
* Ein vierter Raum ist voller Zeitungen. Große und kleine Besucher basteln Rascheln, Knüller und Knaller (➜ S. 46). Ein erfahrener kleiner Dirigent erstellt mit den Besuchern ein spontanes Zeitungsorchester.

Außenklänge

Dann beginnt die nächste Aufführung. Draußen auf dem Spielplatz wird „Krokodil im Nil" (➜ S. 62) auf verschiedenen Spielgeräten gespielt. Eine schöne kleine Inszenierung mit Breaks & Calls von S. 38.

Kulinarisches

Zwischendurch werden Snacks und Getränke gereicht. Eine Gruppe rhythmischer KellnerInnen läuft über das Veranstaltungsgelände und macht mit den entsprechenden Vocal-Grooves (➜ S. 42) auf sich aufmerksam: *„Mett, Zwie-bel-mett … Piz-za, Piz-za …"*

Concerto grosso

Die Kinder laden zum großen Konzert ein. Sie bereiten Plakate und Einladungskarten vor: *„Kita Sonnenblume in concert"*, *„Hasengruppe präsentiert Weltmusik zum Mitmachen"* oder *„Die Igel rocken das Haus"*.
Ein Mitmachkonzert mit Kostümen, Eintrittskarten, Plakaten und einem musikalischen Programm mit Liedern und Rhythmen aus diesem Buch und aus dem eigenen Repertoire.

Musiktheater

Theaterbegeisterte PädagogInnen inszenieren mit den Figuren-Dialogen ein kleines Musiktheater. Da gibt es die Figuren El Ritmo und seine Bande. Die Kulisse gleicht der Rhythmuswerkstatt / dem Klanglabor. Es gibt Informationen, Texte, Lieder und viel Animation mit dem Publikum, z. B.:

El Ritmo und seine Bande betreten die Bühne. Sie stellen sich vor mit dem Lied „Fette Beats" (→ S. 9). Sie erzählen in ihren Rollen erwähnenswerte Geschichten, üben mit dem Publikum das Leisesein, entführen in die Stille (→ S. 15) und locken mit feinen Klängen wieder hinaus.

Sie inszenieren mit dem ganzen Publikum ein Zeitungsorchester (→ S. 47), tanzen mit ihnen einen ausgelassenen Rasselbandentanz (→ S. 45) und präsentieren das „Liebeslied der Spechte" (→ S. 51). Das Publikum klatscht mit. Dann machen sie das Globusspiel (→ S. 57) und nehmen so alle mit auf eine musikalische Weltreise.

Alle musikalischen Inhalte der gesamten Inszenierung werden mithilfe der Spielleitung gut ausgewählt und eingeübt. Vielleicht werden auch Lieder, Rhythmen und Spiele aus dem bisherigen Musikrepertoire der Gruppe ergänzt.

Rollenfindung

Mithilfe der Spielleitung oder vielleicht auch mit einem Theaterpädagogen werden die kleinen SchauspielerInnen in ihre Rollen eingeführt. Mit Übungen aus dem Bereich Darstellendes Spiel erleben die Kinder, wie sie sich in ihrer Rolle bewegen, wie sie sprechen und welche Eigenheiten sie haben.

Am Beispiel der vier Klanggestalten helfen folgende Fragen zur Rollenfindung:

Big Bäng: Wie spricht er? Hoch oder tief? Ist er dick oder dünn?

Sara Swing: Hat sie eine hohe oder eine tiefe Stimme? Wie läuft sie? Wie bewegt sie sich?

Bella Boom: Ist sie laut oder leise? Wie kleidet sie sich? Schick, modern, freaky?

Und **El Ritmo,** der Chef der Band: Was hat er für eine Stimme? Wie sieht er aus? Ist er groß oder klein? …

Dialoge/Drehbuch

Die Spielleitung erstellt ein Drehbuch. Die Dialoge aus diesem Buch können die Basis bilden und entsprechend erweitert und für die eigene Gruppe kompatibel gemacht werden.

Kostüme

Welche Kostüme tragen die Figuren? Wie sieht er aus – El Ritmo? Oder Big Bäng, Sara Swing oder Bella Boom? Und wie sieht das jeweilige Kind in der Rolle der Figur aus?

Kulisse

Das Stück spielt in der Rhythmuswerkstatt. Hier ist es voll mit Instrumenten aller Art. Die Weltreise kann mit Dias eingeleitet werden. Immer wenn die Bande an einen anderen Ort reist, verändert sich das Licht. Die Werkstattkulisse ist weiterhin schemenhaft zu sehen, gleichzeitig zeigt eine Diashow Bilder des Landes, in dem sich die Darsteller musikalisch befinden.

Die eigene CD

Eigene CD-Produktion: Üben Sie mit den Kindern die Stücke gut ein und suchen Sie sich ein Aufnahmestudio, das die CD produziert. Manche Städte oder Organisationen verfügen über rollende Musikstudios, die sich genau das zur Aufgabe machen: Einrichtungen anfahren, die Interesse haben unter professioneller Anleitung ein paar Stücke aufzunehmen.

Hinweis: In Hannover ist z. B. im Jahr 2009 in einem Stadtteil mit hohem Ausländeranteil eine DVD produziert worden, auf der Mütter unterschiedlichster Herkünfte Kinderlieder ihres Landes aufgesungen und mit Bewegung und Fingerspielen begleitet haben. (Infos unter: www.musikzentrum-hannover.de)

ANHANG
Literatur & Musik

Berendt, Joachim-Ernst: Nada Brahma. Die Welt ist Klang. Reinbek (Rowohlt)1985.

Billmeier, Uschi: Mamady Keita. Ein Leben für die Djembe. Arun 1999.

Buonaventura, Wendy: Die Schlange vom Nil. Hamburg (Rogner & Bernhard bei Zweitausendeins) 1989.

Filz, Richard & Heidecker, Berenike: Rhythmus für Kids. Wien (Universal Edition) 2008.

Flatischler, Reinhardt: Rhythm for Evolution. Mainz (Schott) 2006.

Giger, Peter: Die Kunst des Rhythmus. Mainz (Schott) 1993.

Kulmann, Dagmar (Hg.): Palito – Arbeitsbuch Musik. Braunschweig (Schrödel) 2003.

Lagrange, Frederic: Al-Tarab. Die Musik Ägyptens. Heidelberg (Palmyra) 2000.

Lamprecht, Johnny: Afrika bewegt uns. Münster (Ökotopia) 2009.

Lohmann, Jörg: Graffiti als Kunst und Dekor. München (Knaur) 2005.

Nabila Shams El Din: Spektrum Orientalischer Tanz. Eigenverlag 2003.

Neumann, Friedrich: Stomp in the classroom. Mainz (Schott) 2000.

Paraire, Philippe: So lebten sie zur Zeit der Sklaverei. Nürnberg (Tessloff)1994.

Ratsch, Christiane: Samba Batucada. Musikpraxis in der Schule. Kassel (Gustav Bosse) 2003.

Reiter, Gerhard: LIVE! Singen und Musizieren mit der ganzen Klasse. Esslingen (Helbling) 2006.

Rolle, Christian & Schneider, Herbert (Hg.): Rhythmus! Studien und Materialien zur musikpädagogischen Arbeit über und mit Rhythmen. ConBrio 2009.

Spitzer, Manfred: Musik im Kopf. München (Schattauer) 2002.

Terhag, Jürgen (Hg.): Populäre Musik und Pädagogik 3. Oldershausen (Lugert) 2000.

Zum Vorlesen

Laibl, Melanie & Schwab, Dorothee: Ein Waldwicht fliegt in den Oman. Kookbooks 2008.
(wunderschöne fantasievolle Weltreise mit toller Extra-Weltkarte)

Musik-CDs:

Brent Lewis: Earth tribe Rhythms.

Guem et Zaka: Best of Percussion.

Ludin Hakim: One world Percussion.

Mamady Keita, Guem, Mare Sanogo u. a.: Masters of percussion.

Marx, Elena & Tröndle, Jens: Wir Kinder vom Kleistpark.

Tucci, Dudu: Orishás (1994).

DVD'S

Kaurismäki, Mika: Moro no Brasil.

Schmiederer, Othmar: Back to Africa.

Kodo: One Earth Tour Special.

Riedelsheimer, Thomas: Touch the Sound. A sound journey with Evelyn Glennie.

Die Autorin

Mathilda F. Hohberger lebt als freie Musikpädagogin in der Nähe von Hannover. Ihre Leidenschaft gilt den Klängen, Liedern und Rhythmen der Welt. Egal ob Vögel sie von den Dächern pfeifen, sie aus den Sambaschulen Brasiliens dröhnen oder der Wind sie leise in die Wolken malt. In ihrem Unterricht und ihren Fortbildungen tauchen die TeilnehmerInnen in lebendige Klangwerkstätten mit viel Raum zum Erleben, Improvisieren, Hören und Gestalten. Seit 13 Jahren unterrichtet sie Kinder, Jugendliche und Erwachsene und ist als Dozentin in verschiedensten Einrichtungen tätig.

Bisher bei Ökotopia erschienen:
- **Klangfarben & Farbtöne.** Farben mit allen Sinnen erleben mit Liedern, Klanggeschichten und Gestaltungsideen. 2005. (gemeinsam mit Jule Ehlers-Juhle)
- **Luftmusik & Feuerfarbe.** Die vier Elemente für alle Sinne: Spielen, gestalten, singen, tanzen und lebendig sein. 2008. (gemeinsam mit Jule Ehlers-Juhle)

Aktuelle Infos: www.drumandvoice.de

Die Illustratorin

Jule Ehlers-Juhle ist bildende Künstlerin und illustriert vor allem Kinderbücher. Sie arbeitet mit Kindern und Erwachsenen in Kreativ-Projekten und Fortbildungen hauptsächlich für kommunale Träger. Vor einigen Jahren hat sie die Kinderwerkstatt „Kreofant" in Hannover und Salzhemmendorf ins Leben gerufen.